中国企业共建"一带一路"项目案例研究

ZHONGGUO QIYE GONGJIAN YIDAIYILU
XIANGMU ANLI YANJIU

国务院国资委研究中心
新华社中国经济信息社 ◎编

新华出版社

图书在版编目（CIP）数据

中国企业共建"一带一路"项目案例研究 / 国务院国资委研究中心，新华社中国经济信息社编. -- 北京：新华出版社，2023.10
ISBN 978-7-5166-7112-2

Ⅰ. ①中… Ⅱ. ①国…②新… Ⅲ. ①"一带一路"—企业—对外经济合作—案例—中国 Ⅳ. ① F125.4 ② F279.2

中国国家版本馆 CIP 数据核字（2023）第 192577 号

中国企业共建"一带一路"项目案例研究

编　　者：国务院国资委研究中心　新华社中国经济信息社

出 版 人：匡乐成		责任编辑：唐波勇　张汇元	
封面设计：华兴嘉誉			

出版发行：新华出版社

地　　址：北京石景山区京原路 8 号　　　邮　　编：100040

网　　址：http://www.xinhuapub.com

经　　销：新华书店、新华出版社天猫旗舰店、京东旗舰店及各大网店

购书热线：010-63077122　　　　　中国新闻书店购书热线：010-63072012

照　　排：华兴嘉誉

印　　刷：河北鑫兆源印刷有限公司

成品尺寸：170mm×240mm

印　　张：14.75　　　　　　　　　字　　数：220 千字

版　　次：2023 年 10 月第一版　　　印　　次：2023 年 10 月第一次印刷

书　　号：ISBN978-7-5166-7112-2

定　　价：108.00 元

图书如有印装问题请与出版社联系调换：010-63073969

编 委 会

前言

山海奔赴 共赢发展
中国企业探索高质量共建"一带一路"特色之路

共建"一带一路"倡议是党中央统筹国际国内两个大局作出的重大战略选择。10 年来，中国企业积极参与共建"一带一路"，建成一批示范性重大项目和标志性工程。10 年来，中国企业不断积累丰富的高质量共建"一带一路"经验成效，为助力构建人类命运共同体提供更生动的具体实践。国际合作之花沿"一带一路"争相绽放，擘画出中国企业"和平合作、开放包容、互学互鉴、互利共赢"的六条特色道路。

坚持共商共建共享，走出一条新时代互利共赢道路。中国企业积极对接项目所在国的顶层设计与战略，推动当地基础设施改善、升级；主动应对项目所在国多方需求，结成紧密利益共同体，均衡多方诉求，推动各利益相关方开放、共赢；精准对接项目，提升整合全球资源的能力，用好各种要素，推动国际产能合作走宽、走深。

坚持全过程属地化，走出一条本土化运营管理道路。中国企业积极推进用工属地化，将当地员工实现职业发展的需求时刻放在心上，建立用工属地化总体规划，构建以满足职位能力需求为核心的当地员工"传帮带"培训体系，为当地员工实现个人价值及未来发展搭建更广阔空间的"大舞台"；积极推进采购属地化，在充分研究当地物资采购相关制度规定、对当地供应商作出较为全面了解的基础上，科学定制属地化物资采购计划与采购流程，与当地原料、施工服务等供应商建立良好伙伴合作关系,部分项目原材料属地化采购率达到100%;积极推进设计属地化,采用合资成立设计院、联合当地设计、咨询服务等公司的途径,主动克服项目属地标准与国际标准不兼容问题。

坚持民生"心联通",走出一条促发展惠民生道路。中国企业在共建"一带一路"国家发挥交通互联互通的效应日益凸显,为中国与各国各地区经贸往来注入新动能。当前,中国企业的铁路技术正助力东南亚交通状况不断改善;中亚各国铁路、公路互联互通不断加强,"织"路成网变"陆联国";中欧班列已经成为横跨亚欧的商品贸易干线;能源、基建、民生等多领域合作项目依序在西亚、北非地区稳步推进……带动当地的产业升级,提高当地人民生活水平,扩大当地就业规模,用"心"惠民,用"联通"促发展,得到项目所在国民众的高度评价,中国企业参与共建"一带一路"的朋友圈不断扩大。

坚持多方协同合作,走出一条强联合抱团出海道路。中国企业发挥全价值链、产业链输出的整体优势,实现设计、施工、装备与建设管理全产业链编队出海,实现技术标准、设施装备、工程总承包和运行管理一体化协同出海,实现包括国有企业、民营企业等不同所有制企业联强出海;发挥统筹、管理、联络等多维层面的互补优势,组建联营体,整合国内以及当地相关资源,将中国企业所长与项目所在国本地化经验有机结合;形成产业多元协同强辐射优势,提高不同项目、产业之间的协同性,发挥好项目海外市场资源、要素的反哺能力,以"外"促"内",保障国内相关产业链供应链安全稳定。

坚持打造中国品牌,走出一条高品质中国创造道路。中国企业在共建"一带一路"国家一方面不断熟悉市场环境,尊重当地文化与价值偏好,充分了解当地消费者,以本土化撬动国际化、以中国特色化包容当地个性化,在文化交流、互动、碰撞与融合中寻求产品、服务、品牌差异化竞争,改变共建"一带一路"国家对中国品牌形象的印象，以品牌之力弘扬丝路精神；另一方面坚定中国标准输出、技术输出、装备输出自信之路，以创新性表达，全方位塑造中国品牌，鲜活讲述中国品牌"走得出去，更走得进去"的全球故事。

坚持绿色低碳发展，走出一条生态文明建设道路。中国企业积极响应生态文明领域合作及绿色低碳倡议，积极服务共建"一带一路"国家的绿色发展事业。10年来，绿色"一带一路"的建设项目覆盖基建建设、能源合作、交通搭建等重点领域，将生态优先、绿色发展贯穿项目建设运营全过程，推动绿色发展理念成为沿线国家乃至全球广泛共识，令中国企业在世界能源转型和绿色低碳发展转型中的作用更加凸显。中国企业通过绿色"一带一路"积极参与气候变化全球治理，不仅推进我国以及当地生态文明建设取得了更多进展，也为推进《巴黎协定》、联合国2030年可持续发展目标的达成提供了有力保障。

共建"一带一路"倡议提出10周年之际，本书特选取36个高质量共建"一带一路"项目，这些项目落地于24个国家或地区，涉及能源投资合作、基础设施建设、产业链供应链等三大领域。本书旨在以案例集的形式分为三个篇章，集中展现10年来中国企业高质量共建"一带一路"的特色亮点、经验举措、实践成效，呈现中国企业在项目实践中探索出来的"六条特色道路"，以期为更多投身共建"一带一路"的企业提供可复制、可推广的工作借鉴。

目录

Contents

③ 产业链供应链篇

第一部分 ➤➤

基础设施建设篇

拉合尔轨道交通橙线项目 开创巴基斯坦"地铁时代"

作为巴基斯坦第一条地铁线、中巴经济走廊的早期收获项目，巴基斯坦拉合尔轨道交通橙线项目（简称"橙线项目"）于 2015 年 4 月正式签约，2016 年 9 月正式开工建设，2020 年 10 月实现竣工移交。2020 年 2 月 25 日，中国北方工业有限公司所属北方国际合作股份有限公司（简称"北方国际"）联合广州地铁集团、巴基斯坦 DW 公司组成联营体，签署橙线项目运营维护合同并承担 8 年运维工作。

橙线项目安全运营近三年间，累计运送乘客超 1 亿人次，列车运行图兑

图为巴基斯坦拉合尔轨道交通橙线项目

现率 99.99%、准点率 99.99%，运营指标达到国际先进水平，已成为当地最便捷、最快速、最经济的交通方式之一。

一、项目概况

橙线项目位于巴基斯坦第二大城市拉合尔市，线路全长 27 公里，设有 26 个车站，项目涉及机电工程、土建工程和 27 列 3 动 2 拖 5 辆编组地铁车辆采购。项目业主为旁遮普省公共交通局（PMA）。项目由中国北方工业有限公司与中国国家铁路集团有限公司联合承建，北方国际合作股份有限公司与中国铁路国际有限公司具体实施。监理单位为巴基斯坦国家工程咨询公司（NESPAK）和中铁工程设计咨询集团有限公司（CEC）联合体。

橙线项目总金额 16 亿美元，由中国进出口银行提供融资支持。项目完成签约后，于 2016 年 9 月正式开工建设。2020 年 2 月 25 日，橙线项目运营维护合同正式签署，北方国际联合广州地铁集团、巴基斯坦 DW 公司组成联营体，承担拉合尔橙线 8 年的运营维护工作。橙线项目于 2020 年 10 月 25 日全线正式启动运营。运营通车仪式在北京和拉合尔两地以视频连线方式举行，受到了中巴两国媒体的广泛关注和报道。

据统计，橙线项目安全运营近三年间，累计运送乘客超 1 亿人次，列车运行图兑现率 99.99%、准点率 99.99%，运营指标达到国际先进水平，已经成为当地最便捷、最快速、最经济的交通方式之一。

二、项目所在国营商环境

2022 年，巴基斯坦国内生产总值（GDP）为 3765 亿美元，GDP 增速 6.2%。根据巴基斯坦《1976 年外国私人投资（促进与保护）法案》《1992 年经济改革促进和保护法案》以及巴基斯坦投资优惠政策规定，巴基斯坦所有经济领域向外资开放，外资同本国投资者享有同等待遇，允许外资拥有 100% 的股权。

2016年5月，巴基斯坦联邦政府出台了《公私合营(PPP)模式管理法案》，为 PPP 投资模式制定了较为清晰的法律框架和管理体制，梳理了政府、企业、消费者之间的权益和义务，形成了较为规范的 PPP 管理模式。

三、项目突出亮点和特点

（一）实现中国标准、中国技术、中国装备走出去

地铁项目是跨专业、多系统的综合性大型工程项目。橙线项目采用中国标准、中国技术、中国装备，项目中 20 多个设备系统均为中国制造，代表了中国先进的设计理念和装备制造水平。

项目设计和制造团队基于中国轨道交通行业完善的技术标准，充分考虑巴基斯坦宗教和文化特色，实现了中国标准、理念与巴基斯坦本地特色的完美融合。橙线地铁车辆外形设计中采用巴基斯坦国旗和国花素馨花的元素，基于当地高温和酷暑的气候特点对车辆牵引、制动、通风空调等系统进行了一系列性能优化。

橙线项目的成功实施，实现了中国设计、制造、建设、运营维护等城市地铁全产业链完整输出，成为中国标准、中国技术、中国装备在海外成功应用的一张新名片。

（二）从零起步搭建巴基斯坦地铁运营体系

橙线项目是巴基斯坦第一条地铁，此前当地没有城市轨道交通相关人才及经验积累，属地化运营困难大。

为迈出中国地铁运营走向海外的第一步，项目团队以标准化、属地化为指导方针，结合巴基斯坦当地实际编制专业教材 168 份、运营规章 208 册、制作操作手册及视频 170 个，为巴基斯坦量身定制了完整规范的现代轨道交通属地化运作、培训体系，员工属地化率达到 98%。

（三）强强联合紧密协作，实现多方合作共赢

橙线项目建设阶段，铁总－北方联营体在联营体框架协议下成立项目管理机构，双方通过联营体协议约定了主要的运作和决策机制，北方国际具备丰富的国际工程管理经验及对外沟通联络优势，铁总国际具备更多的工程施工进度质量管理经验和国内铁路行业资源。双方各自发挥自身优势，通过联营体管理机制，实现了高效的项目管理。在项目运营维护阶段，北方国际与广州地铁、巴方合作伙伴组建中巴两国公司联合体，将广州地铁丰富的国内地铁运维经验与巴基斯坦合作伙伴丰富的本地化经验有机结合，各方优势互补，高效沟通，成功开展了项目运营维护工作。

四、项目经验与启示

橙线项目建设期内，中国建设团队历经重重考验，按照两国政府关于"高质量推进中巴经济走廊建设"的要求，克服施工工期紧张、基础设施薄弱、环境安全风险较高等一系列困难和挑战，充分发挥统筹组织、内外协调的专业实力优势，坚持中国技术、中国标准、中国设备，充分尊重当地文化习俗，创造性地对施工组织方案和资源配置进行优化，全体项目人员锐意进取、攻坚克难，最终于2020年10月实现项目竣工移交，高质量完成了"中巴经济走廊"重点项目建设任务。

（一）释放多重发展红利

橙线项目打通了拉合尔城市的经济大动脉，为1200万拉合尔人民带来了先进便捷捷的交通系统。橙线项目首站到末站的通勤时间，也从原来的2.5小时缩短到了现在的45分钟。根据当地政府的测算，项目投入运营第一年，便创造直接收益价值约92.9亿卢比（折合约3亿元人民币），节约驾车成本达56.2亿卢比（折合约1.8亿元人民币）。橙线地铁已经成为当地居民跨越南北城最便捷、最快速、最经济的交通方式。

橙线项目不仅拓展了当地管理类人才及技术类人才的就业空间，也给予了普通民众更多工作机会。在建设期间为当地创造了工程师、建筑工人等 7000 多个工作岗位，运营后向当地提供了 1300 个全新、稳定的工作岗位，带动当地票务、安保、保洁等各类服务岗位 1000 个，切实帮助当地解决就业难题。

在带动出口方面，橙线项目在建设运营过程中带动国内中国中车、中国中铁、中国铁建、中国电建、中国通号、中国电子、中国铁物、中国外运、中铁咨询、清华同方、广州地铁、唐山百川等中资企业出口中国产品和服务超过 60 亿元人民币。

在推动配套产业发展方面，橙线项目以本地最大化原则，在建设过程中使用的砂、石、水泥、钢筋等原材料，以及在运营维护过程中采用的大量易耗品、工器具、常用设备及服务均在当地采购，带动了当地一批中小型企业的发展。

（二）助力绿色环保发展

橙线项目开通运营后，当地市民出行效率大幅提升，有效减少了城市老式汽车的使用量，减少了尾气排放，改善了环境污染状况，推动城市绿色、可持续发展。橙线地铁采用全电能驱动，实现零污染、零排放，估算年均减少燃油尾气排放 3 万吨。

（三）增进两国亲密友谊

在地工作期间，北方国际积极融入巴基斯坦当地文化，组织各类中巴建交纪念互动、当地节日庆典、主题文艺比赛、员工运动会、中巴文化学习等多彩活动。橙线项目运维公司荣获巴基斯坦权威机构评选的"最佳雇主""巴基斯坦新兴品牌"奖项，并得到国家有关部门的多次表扬，橙线多名员工荣获中国驻巴使馆颁发的"中巴经济走廊优秀员工"称号。

2023 年是共建"一带一路"倡议提出十周年，也是共建"一带一路"重要先行先试项目——中巴经济走廊启动十周年。十年来，中巴经济走廊一步步从愿景变为现实，成为中巴全天候友谊的生动诠释，为两国构建新时代更加紧密的中巴命运共同体提供了重要支撑。橙线项目穿行拉合尔城，这座巴基斯坦古老的"花园之都"迈入"地铁时代"。展望未来，中巴经济走廊建设还将继续向农业、互联网技术等多个领域延伸，广阔的合作前景将有力印证巴中铁杆情谊的深刻内涵。

（中国兵器工业集团有限公司供稿）

中老铁路
让国际合作之路越走越宽广

中老铁路是共建"一带一路"倡议与老挝"变陆锁国为陆联国"战略对接项目,作为泛亚铁路中通道的重要组成部分,中老铁路北端将与玉(溪)磨(憨)铁路对接,南端与泰国廊(开)曼(谷)铁路接轨,共同构成中、老、泰国际铁路大通道。

中老铁路是第一个以中方为主投资建设、共同运营并与中国铁路网直接连通的跨国铁路,首次实现中国铁路标准轨成套技术、标准、装备和管理体系的输出,将进一步促进标准轨铁路网向东盟国家延伸拓展,带动国内相关企业拓展国际市场,提升中国制造的国际影响力。

通过中老铁路的建设,两国政策沟通更加紧密,助推老挝出台了与铁路相关的建设和管理法律法规,填补了老挝铁路相关法规的空白。中老铁路的建成通车,助力老挝交通出行条件发生了质的变化,与中国、泰国等周边国家的贸易将变得更加顺畅,人文交流更加便捷,逐步形成区域合作大格局,助力共建"一带一路"倡议行稳致远,国际合作之路越走越宽广。

一、项目概况

(一)背景介绍

2009年9月,老挝时任国家主席朱马里访华期间提出老中双方共同修建老挝现代化铁路的愿望,得到中方领导人积极响应。2010年4月,原铁道部

图为中老铁路元江特大桥

与老挝公共工程与运输部在北京签署了《关于铁路合作的谅解备忘录》。根据备忘录确定的原则，中老双方组建工作团队，启动勘察设计、协议谈判、施工筹备、融资策划等工作。

2012 年 11 月，中老两国政府签署《关于中老铁路合作的共同文件》，约定双方将责成有关部门就铁路建设模式、融资方案和铁路运营等进行协商，达成一致，履行完各自国内审批程序后开工建设；同年 12 月老挝国会、总理府先后审议批准中老铁路建设项目。

2012 年 12 月至 2015 年 10 月期间中方有关部委先后牵头对合作模式进行深入研究、论证。2015 年 11 月，中老两国政府正式签署《关于铁路基础设施合作开发和中老铁路项目的协定》，标志着中老铁路项目正式进入实施阶段。2016 年 12 月，老挝政府与项目公司正式签署《关于老挝磨丁至万象铁路的设计、建设、融资、运营和维护的特许权协议》，中老铁路项目正式落地生效。

（二）进展情况

新建铁路磨丁至万象线（简称中老铁路）北起中老边境口岸磨丁，向南经老挝北部的南塔省、乌多姆赛省、琅勃拉邦省、万象省后到达老挝首都万象市，线路全长 422.441km，其中桥隧总长 258.539km，占线路总长的 62.40%。项目采用中国铁路 I 级标准，按 160km/h、单线、客货共线、电气化建设，建设期 5 年，特许运营期 50 年，项目总投资约 374 亿元人民币。项目开工日期为 2017 年 1 月 1 日。2021 年 12 月 3 日，中老铁路全线通车运营。中老两国元首以视频连线形式共同见证线路通车。随着中老铁路正式开通，项目工作将逐步转入质保期服务、工程结算、概算清理等阶段。

二、项目所在国营商环境

老挝是东南亚唯一的内陆国，基建、运输是制约其发展的重要原因。老挝在 2016 年提出了"变陆锁国为陆联国"的"走廊国家"发展战略，这与中国提出的共建"一带一路"倡议高度契合。目前，中国是老挝最大的投资来源国，也是第二大贸易伙伴。

老挝自然资源丰富，世界银行《2020 年营商环境报告》显示，按照投资难易程度排名来看，2019 年世界 190 个纳入统计的经济体中，老挝排第 154 位。相较于周边其他国家，马来西亚（12）、泰国（21）以及印度尼西亚（73）等国家，老挝排名比较靠后。老挝的政治环境稳定，市场经济日趋完善，国家法律鼓励相同意识形态的国家投资。土地、矿业、水资源、森林资源等比较丰富。老挝土地所有权是永久性的，不允许外国人持有，但在工业园、开发区可获得有限土地。廉价的劳动力和电力也是老挝的优势，可以降低企业的成本。老挝对外国投资给予税收、制度、措施、提供信息服务及便利方面的优惠政策。

三、项目突出亮点和特点

（一）两国国家战略的有机结合

近年来，老挝提出"变陆锁国为陆联国"战略设想，努力将内陆国家的劣势转变为地理位置优势，让交通不便的老挝通过互联互通成为连接周边国家的枢纽，特别是成为中国与东盟地区互联互通的一个重要节点，并推动"变陆锁国为陆联国"战略与中国提出的共建"一带一路"倡议，老挝"八五"规划与中国"十三五"规划进行有效对接。

老挝国家"八五"规划将中老铁路项目列为国家一号重点项目，把中老铁路项目视为老挝21世纪的重大政治事件，是老挝从"陆锁国"到"陆联国"转变的重要载体。老挝从中央至沿线地方各级政府部门成立了铁路工作组，全民动员，举全国之力支持铁路建设。

2019年5月，中老两党签署《构建中老命运共同体行动计划》，开启中老关系新时代。两国发展战略高度契合为中老铁路项目顺利推进营造了良好的工作环境。在两国高层的支持指导下，中老双方在政府层面先后成立了协调组和筹备组，联合办公，共同推进现场调查、项目论证、融资策划、征地拆迁等重点工作，为项目最终落地生效创造了条件。

（二）中方主导铁路投资建设运营管理

中老铁路是第一条以中方为主投资建设运营并与我国铁路网直接连通的境外铁路项目。中老铁路项目使用中国铁路标准、技术和装备，采用中国铁路建设和运营管理模式，由中国铁路企业负责铁路建设和运营，项目资金主要由中方企业和中资银行提供。这样一来，一是可以确保铁路建设资金按计划筹集到位，二是施工过程中安全、质量、进度和环保等关键节点目标能按期兑现，三是铁路建成后能有序投入运营，可以保证铁路运营效率。

（三）中企深度参与铁路全流程建设

中国企业前期持续投入运作。从2010年4月开始到2017年1月正式开工，近 7 年的时间里，中国中铁作为项目发起人之一，投入了大量的人力、物力和财力，开展现场踏勘、线路规划、勘测设计、融资策划、方案论证、物流调研、施工筹备、人员培训等一系列繁杂艰苦的工作，为项目最终落地生效打下了坚实的基础。如果没有中国企业前期提供大额资金支持，持续投入各种资源，认真扎实做好基础工作，不断完善技术和融资方案，是很难推动中老铁路这样的境外大型铁路项目。

中国企业为项目融资提供担保。项目总投资的 60% 由银行提供项目贷款，银行要求提款人提取首笔贷款时由项目股东按股比提供一般保证担保。根据银行要求，中方 6 家出资企业按股比提供了覆盖贷款总额 70% 的合法有效全程一般保证担保后银行首次放款，第二笔贷款在老方股东提供贷款人认可的覆盖贷款总额 30% 的担保后才正常放贷。中资企业不仅为本项目筹集了应缴的资本金，还为项目贷款提供了一般保证担保，保证铁路建设资金按计划筹措到位，为项目如期开工奠定了坚实的基础。

（四）助推老挝完善铁路法规体系提升治理能力

中老铁路使得老挝交通出行条件将发生质的变化，交通出行观念快速转变，与中国、泰国等周边国家的贸易将变得更加顺畅，人文交流更加便捷，逐步形成区域合作大格局，助力共建"一带一路"倡议行稳致远。通过铁路建设，中老两国政策方面的沟通变得更加紧密，助推老挝出台与铁路相关的建设和管理法律法规，填补老挝铁路相关法规的空白，将使老挝法律体系更加完备，政府治理体系更加高效，进一步提升老挝人民的法治意识，提高国家治理能力现代化水平。

四、项目经验及启示

（一）为推动地区基础设施联通提供宝贵经验

中老铁路是共建"一带一路"倡议与老挝"变陆锁国为陆联国"战略对

接项目，作为泛亚铁路中通道的重要组成部分，中老铁路北端将与玉（溪）磨（憨）铁路对接，南端与泰国廊（开）曼（谷）铁路接轨，共同构成中、老、泰国际铁路大通道，推动地区基础设施联通，并提供宝贵经验。中老铁路极大地改善老挝南北交通状况，万象至磨丁的通行时间将由现在的2天以上车程缩短至4个小时左右，万象至昆明已实现朝发夕至，当日通达。万象将有望成为东南亚铁路交通的枢纽，助力老挝实现"变陆锁国为陆联国"的世纪梦想。

（二）为亚洲地区合作发展提供了新思路和新机遇

中老铁路建设过程中为老挝创造大量的就业机会，铁路一方面将极大地带动老挝经济社会发展，提高当地运输效率和水平，更重要的是给东南亚带去了新的经济增长点，为亚洲地区合作发展提供了新思路和新机遇。有利于配合国家支持云南加快建设面向西南开放桥头堡的战略部署，促进西南地区经济发展和社会稳定；有利于促进中国企业在老挝做大做强和可持续发展，推动企业海外经营转型升级；有利于带动老挝经济发展，提升物流水平、拉动投资，促进旅游，推动老挝经济社会快速发展；有利于促进中老两国经济合作，为中国和东南亚国家合作交流作出贡献，成为老挝连通周边国家和国际铁路网的桥梁和纽带。

（三）为我国铁路成功"走出去"积累经验

中老铁路是第一个以中方为主投资建设、共同运营并与中国铁路网直接连通的跨国铁路，首次实现中国铁路标准轨成套技术、标准、装备和管理体系的输出，将进一步促进标准轨铁路网向东盟国家延伸拓展，带动国内相关企业拓展国际市场，提升中国制造的国际影响力。通过中老铁路项目的境外成功合作，对我国铁路"走出去"的建设模式、融资模式、运营管理、市场经营、与所在国共商共建共享、发挥企业社会责任、树立中国铁路形象等方面积累经验。

（中国铁路工程集团有限公司供稿）

蒙内、内马铁路：
中国铁路走出去的成功实践

肯尼亚蒙内、内马铁路是完全采用中国标准、中国技术、中国装备和中国运营管理经验的国际干线一级铁路。项目采用中国国铁一级标准建造，实现中国铁路标准走出去，加快中国铁路标准属地化和国际化进程。建设过程中，项目建设团队克服了专业接口多、资源配置周期长、施工组织难度大、自然社会环境复杂等各种挑战，有效应对肯尼亚两次总统大选对项目的影响，攻克东非大裂谷技术难题和征地拆迁制约，高效完成各项新增配套工程。蒙内、内马铁路开通运营以来，安全质量经受住了考验，运能提前达到设计水平，为肯尼亚发展注入了新的活力，进一步提升了中国铁路、中国交建和中国路桥的品牌影响力与国际美誉度。

一、项目概况

肯尼亚蒙内、内马铁路是一条友谊之路、合作共赢之路、繁荣发展之路、生态环保之路。项目全长 959.75 公里，蒙内铁路起点为海滨港口城市蒙巴萨，终点为肯尼亚首都内罗毕，主线全长 472.25 公里，历时 29 个月完成建设。内马铁路是蒙内铁路的延伸，终点至肯尼亚边境城市马拉巴，正线里程 487.5 公里。内马一期从内罗毕至纳瓦沙，全长 120 公里，历时 20 个月完成建设，全面通车并交付运营。

在建设过程中，项目建设团队认真履行责任，为运营提供坚实保障，全

图为肯尼亚蒙内、内马铁路

面完成了各项生产建设任务，提前实现了各项既定目标，铁路价值和品牌影响力不断增强，经济和社会效益持续显现。时任肯尼亚总统乌胡鲁·肯雅塔表示肯尼亚铁路建设团队是他见过最优秀的团队，他对中国速度、中国方案深表赞赏，对中肯双方在建设过程中体现的合作共赢、共同发展给予极高评价。

二、项目所在国营商环境

（一）项目相关制度及经验

由于历史原因，东非各国政治制度、社会制度和经济制度十分相似，具有共同的特点。在实施铁路工程时，应通盘考虑，结合所在国特点，对涉及敏感的事项进行报批和公示。

一是重视项目公示。在国外项目确定线路走向时，应在可行性研究阶段充分征求沿线政府及各级部门对线路方案的意见，需在相对稳定的征地、环保等因素条件下才可开展进一步工作。民众以及非营利组织机构关注的是拆迁、环保等因素，地方政府关注项目建设对区域经济的影响效应。因此，公示环节对项目是否能顺利实施有至关重要作用。

二是重视征地环节。由于国外土地大多为私有化制度，所属国政府及民众均对土地利用问题极为敏感，往往征地因素决定线路方案甚至走向。例如线路穿越国家公园或环境敏感点时，线路方案需从可研阶段就开始征求环保部门的意见；初定测阶段，除合理避让学校、教堂、墓地等因素外，线路方案受拆迁因素影响大，需重点考虑。

（二）项目环保相关法律法规

为践行绿色建设理念，项目高度重视当地环保相关法律法规规定。东非地区缺乏自主建设长大铁路干线的经验，在铁路工程建设全过程期间涉及环境保护方面的行政许可审批与国内存在一定差别。

以蒙内铁路为例，在其建设过程中涉及穿越特殊环境敏感区，如国家公园、野生动物保护区等，但相关行政许可却是在环评先行批复(可研-初设阶段)，而特殊敏感区行政许可后批复(开工前)，对工程而言导致了局部方案与上阶段设计不一致且有增加工程投资的情况。对于东非地区开展铁路工程建设仅仅执行环评要求是不够的，还需执行特殊环境敏感区主管部门提出的环保要求。存在后续设计局部方案调整的不确定性并存在增加工程投资的可能。

三、项目突出亮点和特点

（一）探索模式创新，做中国铁路海外发展的开拓者

项目在建设、运营与管理模式方面进行了积极探索：一是全面推动中国标准在非洲落地。项目采用中国国铁一级标准，真正实现中国铁路标准走出去，加快中国铁路标准属地化和国际化进程。二是全面将中国铁路全价值链、

产业链输出海外。项目充分发挥设计龙头作用和专业优势，整合发挥建设单位优质资源，发挥各单位优势，确保按期按质完成生产任务。三是实现中国企业抱团出海、合作共赢。项目建设极大地带动了中国装备制造走出国门，带动国内100多家企业"走出去"。设备厂家依托项目在东非设点扎根，拓展海外市场，实现互利共赢。四是建营一体，为建设质量和未来发展提供有力保障。项目按照运营实际需求把控建设质量，确保了顺利交付。与运营团队无缝对接，为项目建成通车后的客货运输提供有力保障。树立海外铁路建设运营品牌，为未来长期发展打下坚实基础。

（二）坚持技术创新，做标轨铁路行业的领跑者

项目建立了独特的海外科技创新管理体系，依托国内科研院所优势力量，持续开展科研攻关，为项目实施保驾护航，并取得了一系列宝贵的理论成果和科研资料。一是克服地域性材料不能满足中国铁路标准要求的现状。肯尼亚缺乏粉煤灰、矿粉等耐久性混凝土掺合料，但富集天然火山灰材料，课题组经过理论分析和试验验证，创造性提出采用天然火山灰代替粉煤灰配制出满足要求的高性能混凝土，节约了大量成本，产生了良好经济效益。二是不断优化建设运营环境。项目结合当地特点，不断优化蒙巴萨港站填海方案，确保工程质量。持续优化车站布局，根据肯尼亚自然人文设计车站，形成"一站一景"的独特景观。设计野生动物通道，建设资源节约型、环境友好型的绿色环保之路。三是攻克内马铁路穿越东非大裂谷地质断裂带施工技术难题。项目引入专家研究团队，从勘察、设计、施工全链条研究针对裂谷地区的铁路施工工艺，持续优化施工组织方案，重点突破隧道地质构造带、桥梁稳定、地基裂缝等设计施工技术难题，中国标准铁路成功跨越这道"人间天堑"。

（三）加强文化创新，做中国品牌的塑造者

项目始终践行"责任、诚信、价值、使命"的核心文化，秉承"为祖国

争光、为当地谋福、为企业添彩"的理念,以"打造百年不朽精品工程,展现世界一流企业形象"为奋斗目标,将项目文化建设与打造企业品牌结合起来。通过履行经济责任、法律责任、社会责任、道德责任,真正的以负责任、受尊敬的企业形象赢得当地社会和人民的信任,赢得良好的口碑传承。以真诚守诺的信条和行动取信于人,将诚信珍若生命,将履约视为铁条,严格遵守合同约定,提前保质保量完成项目生产建设任务。

(四)注重海外党建创新,做使命在肩的奋斗者

结合海外特殊环境,项目建立了海外适应性党组织,将海外党建工作融入项目管理实践中,增强持续推动效益提升的价值创造力,不断打造转型升级的核心竞争力。项目团队始终坚持改革创新的内生驱动力,实现高效益、高质量发展,不断提升项目海外党建工作的科学化、规范化和创新性水平。通过发挥党组织政治统领、思想引领、共建共享、创新发展、文化融合、保障监督等平台作用,结合当地政治经济环境灵活开展海外党建工作,切实处理好海外党建与生产经营的关系,增强了海外党建工作的实效,发挥了海外党建这个关键法宝的独特作用,提升了企业的核心竞争力。

四、项目经验及启示

(一)应对复杂的政治生态与多元的社会文化生态

项目团队认真分析、深刻把握东道国国内的政治环境,有效了解多方面信息,对未来有比较准确的预判,谨慎做出决策,避免在走出去过程中因复杂多变的政治因素出现损失。中国企业在"走出去"过程中,不仅主动作为,积极参与当地经济社会发展,履行社会责任,塑造良好的企业形象,更是参与到构建全球更强话语体系的伟大进程中来,让世界更加了解中国、了解中国企业和中国文化,以开放包容、积极进取的负责任姿态服务国家公共外交,助力塑造国家和企业更好形象。

（二）应对所在国动荡与市场变化风险

项目所在国政府治理水平层次不同、社会阶层贫富分化巨大，社会治安问题始终是难以解决的顽疾，成为影响外部投资环境的重要因素。铁路施工周期长、线路运行长、社会影响大，极易成为攻击目标。中国企业在走出去过程中加大对公共安全风险防范，将恐怖主义与治安风险的影响降至最低，确保人员和财产安全。此外，铁路作为中国为世界提供具有代表性的公共产品，要与大国博弈、区域竞争密切联动。企业在实施大型海外铁路项目时要综合研判、谨慎决策，前期对风险做足充分的评估与预判，才能在真正实施过程中获得预期经济与社会效益。

（三）应对激烈的行业竞争博弈

"走出去"企业是服务国家外交大局，拓展和深化中外合作的中坚力量。企业代表国家形象，不是单兵作战，更不能目光短浅、恶性竞争，要着眼大局、协同合作。中国企业实现更好海外发展、中国铁路要在海外市场突围，需要坚持"一盘棋"思想，发挥中国企业整体优势。真正在国际舞台竞技，需要企业互相合作、资源整合，发挥优势、补足短板，通过战略协同，实现由全产业链向全价值链转变，实施群体作战、大兵团作战，最终形成世界一流品牌的中国企业。

（四）攻克中国标准推广难关

实践证明，标准壁垒已经成为中国铁路走出去的最大障碍，欧洲标准在海外基本占据垄断地位。采用他国标准，不仅将极大地消耗成本优势，而且会始终受制于人。因此，中国铁路标准"走出去"至关重要。蒙内、内马铁路成功实施意义重大，这是首条完全采用中国标准、中国技术、中国装备、中国运营管理的国际干线铁路，全部采用中国国铁一级标准建造，实现了中国铁路标准"走出去"，加快了中国铁路标准属地化和国际化进程。

（五）应对国际化复合人才短缺

国际化复合人才的短缺已成为中资企业走出去、中国铁路走出去的一大瓶颈。肯尼亚铁路项目基本涵盖了铁路建设的全过程，是集团进行铁路资源整合，积累铁路建设经验、培养铁路管理人才和技术人才的绝好机会。项目始终贯彻"以价值创造者为本"的理念，持续强化人才培养，从技术工人到火车操作手的培养，无一不将该理念贯穿始终。从中方人员的语言培训到肯方员工的技术转移，真正实现了全面覆盖，梯队培养的模式。项目锻炼和培养了大量管理人才和技术人才，积累了宝贵的海外铁路建设管理经验，为中交集团大规模进军海外铁路市场夯实了人才基础。

（中国交通建设集团有限公司供稿）

比雷埃夫斯港：
践行"共商共建共享"原则的样板

比雷埃夫斯，在希腊语中的意思是"扼守通道之地"，是世界历史最悠久的港口之一。比雷埃夫斯港（简称"比港"）南面地中海，北临巴尔干半岛，港口条件和地理位置优越，是得天独厚的天然良港和地中海地区最重要的交通枢纽之一。

中远海运收购比港后，多措并举扭亏为盈，充分考虑当地产业和城市发展诉求，注重本土化管理和履行环境与社会责任，为希腊经济社会发展做出实质贡献，被誉为中希投资合作的典范。

一、项目概况

（一）项目背景

比雷埃夫斯港地处巴尔干半岛南端、希腊东南部，连接欧亚非三地，是"21世纪海上丝绸之路"的重要节点。比港拥有陆地面积272.5万平方米，岸线总长约24公里，是希腊最大的港口，地中海地区重要的集装箱港。受全球金融危机和欧债危机影响，希腊政府于2008年启动国有企业私有化进程，比港港务局因亏损严重而成为私有化改革的重点。

2008年10月，中远海运通过竞标获得比港2号、3号集装箱码头35年特许经营权，并在短时间内实现扭亏为盈。在此成功合作基础上，2016年8月，中远海运与希腊共和国发展基金签署协议，以3.685亿欧元收购比港港务

图为比港远景

局 67% 的股权，成为比港的实际经营者。这是中国企业首次在海外接管整个港口的经营权。

2019 年 11 月 11 日，两国元首视察比港项目，称赞比雷埃夫斯港前景不可限量，合作成果将不断惠及两国及地区人民。

（二）项目进展

中远海运集团收购比港之前，作为希腊最大港口的比雷埃夫斯港基本不具备中转功能，挂靠比港的船舶也都是以希腊为最终目的地，中转枢纽功能较为单薄，年吞吐量仅 68.5 万标准箱。

2008 年 6 月，中远海运竞标获得了比港 2、3 号集装箱码头 35 年的特许经营权。根据特许经营权协议，中远海运自 2009 年 10 月起接管 2、3 号集装箱码头，但有 8 个月的时间都属于过渡期，在此期间码头维修、运营仍由希腊比雷埃夫斯港务局负责。

面对困境，中远海运多管齐下：一是斥资 4 亿多欧元用于二号码头设备的更新升级和新建三号码头深水港，配齐所有港口设备，大幅提升了港口吞吐能力；二是从国内派来优秀的管理人员和技术人员，帮助比雷埃夫斯港捋顺管理架构和业务流程；三是积极开拓市场，提升码头服务能力，严格控制各项成本费用支出，在接管码头 3 个月后连续实现单月盈利，到 2012 年 5 月底已实现累计盈利，生产经营情况从此发生根本性转变。

经过十多年的辛勤耕耘，比港集装箱码头的吞吐量从接管之初的 68.5 万标准箱提升至 2022 年 500 万标准箱，利润从收购之初的亏损 621 万欧元，到 2022 年实现盈利 8172 万欧元。比港在全球港口中的排名由最初的第 93 位跃升至第 33 位，并且在 2011 年、2012 年连续两年成为全球集装箱吞吐量增速最快的港口。

二、项目所在国营商环境

希腊是巴尔干地区最为发达的经济体，属于经济中等发达国家之一。希腊地理条件独特，处于陆海相连、欧亚非相通的重要地点，是共建"一带一路"、打造亚欧海陆联运新通道的关键节点，也是进入欧盟及东南欧市场的重要门户。

希腊农业较发达，可耕种地面积占国土面积的 30%，其中灌溉农业面积占 37%。64% 的耕地用于种植粮食作物，其他用于种植果树、橄榄树和蔬菜等。希腊主要农产品都能自给自足，水果蔬菜可批量出口欧洲其他国家、美洲等，只进口少量肉、奶及调剂类农产品。希腊出口的农产品还有烟草、棉花、橄榄油、水果和甜菜等。服务业是希腊经济的重要组成部分，其中旅游业对希腊国内生产总值的贡献率高达 20%，也是希腊获得外汇来源和维持国际收支平衡的重要来源。

近年来，希腊政府积极推行经济和社会福利改革，发展外向型经济，关注长期、可持续性的经济增长模式，鼓励外来投资，推出了一系列旨在吸引外资、鼓励创新创业的法案，包括新投资法、商业中心／集团内部服务中心法、第三国居民居留许可法。通过这些法案，希腊政府希望为战略投资者创建良好的投资环境，这些法案对外国投资者起到了积极的引导作用。同时，希腊着力推动国有资产私有化改革，涉及的领域包括基础设施、房地产、电力、信息通信技术、机场、物流、金融、旅游和能源等。目前希腊政府已完成比雷埃夫斯港、国家电力公司下属独立输电网络公司、14 个地区机场、国铁运营公司和萨洛尼卡港务局等国有资产的私有化。

三、项目突出亮点和特点

（一）连接陆海的又一重要支点

比港地理位置优渥，是由地中海前往大西洋、由红海前往印度洋以及由马尔马拉海前往黑海的优良中转港，是"21 世纪海上丝绸之路"的重要一站。比港以及以比港为起点的中欧陆海快线，搭建起中欧贸易的第三条大通道。中欧陆海快线南起希腊，途径北马其顿、塞尔维亚、匈牙利、捷克等 9 个国家，直接辐射人口 7100 多万。与以往通过苏伊士运河抵达汉堡港或鹿特丹港后进入中东欧的通道相比，中欧陆海快线将使货运时间减少 7 至 11 天，进一步增强了我国与中东欧各国的互联互通，深化与中东欧国家的经贸合作。

（二）促进共同发展的例证

在取得良好经营效益的过程中，中远海运坚持依法诚信经营的同时，注重与当地文化的交流和融合，包括为全体员工提供免费午餐，解决很多希腊员工吃饭不便的问题；有针对性地建立工资拆借制度，允许有家庭急需的员工提前预支部分工资，解决资金周转困难；以灵活多样的形式促进中希文化交流，邀请员工家属共度两国节日；评选"洋"劳模，免费组织他们到中国旅行等。这些做法极大增强了希腊员工对企业的认同感和归属感。十几年来，比港项目为当地直接创造了工作岗位逾 3000 个，间接创造了岗位一万多个，比港累计为当地带来社会贡献超 14 亿欧元。

希腊知名智库"经济与工业研究所"发表报告预测比港项目将对希腊经济产生积极影响：到 2025 年，比港项目将为希腊财政增收 4.747 亿欧元，创造 3.1 万个就业岗位，提高希腊 GDP0.8 个百分点，比港项目有力带动了希腊海运、物流及相关项目的发展。

雅典经济与商业大学将比港项目作为优秀案例，列入 MBA 管理课程，并这样评价："中远海运的比港战略是正确的，在中远海运的管理下，比港正在不断走向辉煌。当地经济在比港的拉动下实现了增长，希腊各方都广泛受益。"

（三）带动中希广泛领域务实投资合作

中远海运从接管部分集装箱码头到负责经营整个比港，投资合作迈上新台阶，树立了中国企业的良好形象，很大程度上改变了希腊人对中国企业的看法。希腊当地政府、员工、工会均高度认可和评价比港项目。希腊经济和发展部等政府部门认为，中远海运是有实力、负责任的投资者，给希腊经济注入了活力，给当地发展带来了切实的帮助。希腊员工也普遍表现出对工作的珍视、对企业的忠诚和对个人未来发展的信心。

更值得一提的是，比港项目向市场发出了希腊作为安全和有利的投资目的地的强有力信号，为中国企业投资希腊奠定了基础，对进一步巩固和深化两国务实经贸合作具有重要意义，带动越来越多的中国企业开始投资和关注希腊市场。

（四）坚持绿色环保，积极履行企业社会责任

中远海运在比港运营上注重保护环境，节约资源，尽量将企业经营活动对环境的污染和损害降到最低。一是采用欧洲港口组织认证的环境管理系统和港口环境评估系统，对空气、噪声和海洋环境进行管理、监控和评估；二是加强对垃圾废物的处理和有效回收，按照欧洲环保标准和希腊法规，实行

船舶垃圾管理计划；三是注意节约能耗，利用太阳能光伏发电，减少碳排放；四是积极参与比港附近海域内的沉船打捞行动，一方面保证航海安全，另一方面减少海洋环境污染。企业还积极履行社会责任，包括与教堂合作为贫困居民提供食物、援建学校、修缮道路等，在比港当地居民中树立了良好的中国企业形象。

四、项目经验及启示

（一）本土化运作是企业"走出去"的必由之路

如果说国际化是"大写意"，那么本土化就是"工笔画"。企业"走出去"进入一个开放、复杂的环境，不同的种族、不同的风俗习惯、不同的宗教信仰、不同的制度规则等都可能成为项目发展的绊脚石。在海外投资过程中，根据东道国政策法规和文化习俗等实际情况，探索符合当地的国际化管理模式，推行本土化可以有效帮助企业降低经营风险，融入当地社会。

中远海运在比港的员工属地化率超 95%，管理层始终秉承"一个团队、一个文化、一个目标、一个梦想"的理念和企业文化融合的目标，积极推进属地化经营管理，提高外籍员工的归属感和业务水平，最终用真诚赢得了当地的理解和支持。事实上，正是本着用人不疑、融入当地及依法合规的经营理念，依托当地员工熟悉当地运作体系和商业环境的属地优势，比港才得以健康稳定地发展。

（二）平衡企业利益与当地诉求是化解风险的根本

"一带一路"投资合作中普遍存在执政党更迭带来的政治风险。比港投资合作扭转困境、顺利推进的根本是与当地政府、企业员工和社会等多方结为同舟共济的合作伙伴。

总结起来，主要启示有三：充分了解和适应当地发展需求，紧密结合当地产业发展需要；尊重当地诉求，避免"赢者通吃"，在港口建设和经营过程中能平衡商业利益和当地诉求，做到义利并举，努力实现港城共荣、协调发展；为当地创造对其至关重要的就业机会，从人员雇佣和管理方式上尽可能本土化，将企业发展与当地利益、员工利益紧密捆绑。

（三）倡导三方和多方合作降低风险和阻力

随着"一带一路"建设和中国海外投资合作的推进，一些国家对于地缘经济格局变化的担忧在所难免。包括中欧陆海快线等在内的重大海外投资项目需照顾所在地区主要经济体的利益，适度引导和推动跨国三方或多方合作，形成利益共享、风险共担格局，以化解海外投资合作中来自地区大国的阻力和地缘政治风险。

以中欧陆海快线项目为例，在国家层面，可积极吸纳德、法、意等欧盟大国参与，增进这些国家对共建"一带一路"倡议理念的认同，减少对我在欧投资的猜忌和牵制；在项目层面，应找准各国企业在资金、管理和技术等方面的比较优势，开展多方合作。

（中国远洋海运集团有限公司供稿）

创新 ABC 合作模式建设运营
科伦坡国际集装箱码头

科伦坡国际集装箱码头(简称"CICT")是斯里兰卡最大单一外商投资项目之一,总投资逾 5.6 亿美元,由招商局集团旗下的招商局港口集团股份有限公司(简称"招商港口")持股 85%,斯里兰卡港务局持股 15%,CICT 也是迄今南亚地区唯一深水集装箱码头。

CICT 项目由中国港湾承建,首创 ABC 合作模式,即"美国监理 + 英国标准 + 中国速度",通过完全国际化的建设和运营,既严格保证了建设质量,又加快了建设速度。项目于 2011 年 12 月 16 日破土动工,2014 年 4 月竣工,实际工期 28 个月,较协议工期提前了 32 个月。

作为招商港口唯一的绿地码头项目,CICT 秉承服务至上,真抓实干,坚持传承并丰富发展中斯友谊,积极履行企业社会责任,以"落地生根,持续发展"为目标开展社会公益活动,得到当地政府、行业和社会认可。

一、项目概况

科伦坡港是位于斯里兰卡西南部的深水自由港,也是斯里兰卡最大的海港。作为连接亚洲和欧洲贸易航线的必经之路和南亚重要中转枢纽,中国与斯里兰卡合作建设的科伦坡国际集装箱码头(简称"CICT")成为全球海运主航道的重要节点之一。

CICT 是斯里兰卡最大单一外商投资项目之一,总投资逾 5.6 亿美元,由

图为 CICT 码头全景

招商港口持股 85%，斯里兰卡港务局持股 15%。CICT 为绿地项目，采用"建设、营运和移交"（BOT）模式，特许经营期 35 年至 2046 年，设计吞吐能力 240 万标准箱。

2014 年 CICT 开始正式运营，当年吞吐量即达到 68 万标箱，2015 年突破 150 万标箱，项目实现盈利，较原计划大幅提前；2021 年首次突破 300 万标箱，达 306 万标箱；2022 年，CICT 吞吐量进一步攀升至 318 万标箱。

CICT 是迄今南亚地区唯一深水集装箱码头，从投标、建设到运营，严格遵守国际标准和法律法规。该项目由中国港湾承建，实现了中国央企间的强强联合与国际合作。

依托招商局集团全球网络资源，CICT 主动开拓国际市场业务，积极争取货源，助力科伦坡港在全球港口中的排名大幅跃升。

二、项目所在国营商环境

斯里兰卡经济体量较小，产业发展水平不高，工业基础薄弱，产业链供应链不完善，营商环境有待改善，对斯投资面临不少问题和挑战。尽管如此，作为南亚航运枢纽，斯里兰卡区位优势明显，航运、物流和海外仓等投资潜力较大，正在成为中资企业对外投资合作的热土。斯里兰卡的主要贸易伙伴为中国、印度和美国，主要出口对象国集中在欧洲地区，进口来源国则集中在亚洲地区。

斯里兰卡重视双边和多边区域合作，积极发展与周边国家和新兴市场国家的经济合作。斯里兰卡是亚太贸易协定和南亚自贸协定成员国，与印度、巴基斯坦、新加坡签订了自由贸易协定，超过 4200 种产品享受免税或减税政策。根据世界银行发布的《2020 年营商环境报告》，斯里兰卡营商环境便利度在 190 个经济体中排名第 99 位。

中斯贸易往来和传统友谊源远流长。1952 年，双方签署《米胶协定》。1957 年建交后，两国政府签署系列经贸合作协议，建立双边经贸联委会机制，双边经贸合作平稳健康发展。2013 年 5 月，双边关系提升为真诚互助、世代友好的战略合作伙伴关系。截至 2020 年底，中国已成为斯第一大贸易伙伴、第一大进口来源国和主要外资来源国。

三、项目亮点及特色

（一）创新采用 ABC 建设管理模式

CICT 创新采用 ABC 合作的建设管理模式，即"美国监理 + 英国标准 + 中国速度"，项目实际总工期 28 个月，比 BOT 协议工期提前 32 个月完工。通过加强施工过程的监督，该项目在加快建设速度的同时，保证施工工艺符合合同规定，保障码头在快速建设的同时有过硬的世界质量。

CICT 采用多种新型工程技术，如 RTG 双 GPS 差分系统。除箱位管理及防打保龄功能外，相比传统单 GPS 系统，双 GPS 差分系统提供了轮胎吊大车自动纠偏功能，纠偏精度达 ±5cm，为 RTG 油改电之后安全作业及未来 RTG

远程半自动作业解决了技术难点。此外，该项目 RTG 吊具全部使用电动型产品，相比较传统液压吊具，自重降低 1.5Ton，可有效降低能耗，无液压油渗漏问题，无须定期更换油品，可有效降低维修成本、提升设备表现及环保效益。

CICT 还采用了 QC 小车滑线系统，这也是该创新技术首次在码头行业应用于全部岸桥，减少了电缆勾挂及高空坠物风险，迄今未出现滑线原因故障，显著提高了设备表现。

（二）以优质服务赢得客户信赖和行业认可

作为招商港口唯一的绿地码头项目，CICT 秉承服务至上，真抓实干，凭借优质服务赢得客户的信赖和行业的认可。2013 年以来，CICT 多次被斯里兰卡本地行业协会评为"操作效率最佳码头""客户服务最佳码头"；2017—2022 年，连续六次荣膺亚洲货运周刊（AFLAS）"亚洲最佳集装箱码头（400 万标箱以下）"称号。

同时，作为招商港口的海外母港，CICT 结合港口发展战略和人才现状，制定了中长期人才培养计划，成为招商港口国际化港航人才培养基地，按照"国际化、本土化"导向重点培养高素质、复合型的海外人才队伍，并为斯里兰卡带来先进的港口运营管理理念，为当地培养与国际接轨的运营管理队伍。

四、项目效益和经验

（一）积极履行企业社会责任

CICT 坚持传承并丰富发展中斯友谊，积极履行企业社会责任，以"落地生根，持续发展"为目标开展的社会公益活动，得到了当地政府、行业和社区的认可。

在拓展业务的同时，CICT 积极融入当地社区，连年开展"斯里兰卡光明行"活动，聘请国内眼科专家为斯里兰卡上千名白内障患者免费实施了复明手术；连年资助"轮椅网球"项目，让战争致残的斯里兰卡退伍军人在体育运动中继续为斯里兰卡争光；发起"招商丝路爱心村"项目，与汉班托塔港共同推进项目落地，帮助斯贫困村庄发展，提升村民生活水平。此外，在斯里兰卡遭受泥石流等重大自然灾害时，CICT 及时伸出援助之手，为受灾群众送去急需物资和善款。截至 2022 年，CICT 累计为斯里兰卡公益慈善事业投入超过 150 万美元，参与各项公益活动超过 1200 人次。

（二）促进当地经济社会发展

CICT 为斯里兰卡当地创造了大量就业机会，提高了当地员工的生活水平。其中，项目建设期与运营期分别创造 3000 个和 7500 个直接就业机会。截至 2022 年底，CICT 员工（含外包）约 1700 人，其中中方员工仅 22 人，员工的本土化率近 99%。

同时，在 35 年特许经营期内，CICT 为斯里兰卡贡献的税收、外汇收入及其他收入预计将达到 18 亿美元。

（三）注重本地员工培训和国际化人才培养

CICT 十分关注本地员工培训，分批安排当地骨干员工到深圳、香港等地免费学习，并安排到洛美、吉布提等招商港口在全球运营的其他码头开展交流培训活动。CICT 连年被斯方同行及行业协会评为"技能培训最佳码头"。

2018 年以来，为扩大国际化人才培养范围，以国际化人才储备推动自身国际化发展，CICT 与四川大学、大连海事大学、上海海事大学等加强合作，提供中斯双向学习和实习机会，聘请斯方高专人才担任客座教授，并选派斯方高专人才参加招商港口的 C-Blue 培训项目，加强中斯双方对彼此文化的学习、理解和认同。拓宽了员工的国际化视野跨文化工作能力显著提升。

（招商局集团有限公司供稿）

刚果（布）1号公路养护运营上的第三方合作实践

刚果（布）国家1号公路项目（简称"1号公路"）是中国援建非洲的重点工程，西起经济中心黑角，东至首都布拉柴维尔，全长536公里，由中国建筑承建，是中刚建交50年来，两国之间最大的合作项目。

1号公路一期工程已于2011年8月竣工，二期工程于2016年3月提前完工，2018年12月获得临验证书。2019年1月，中国建筑、法国EGIS、刚果（布）政府联合成立刚果公路股份有限公司（简称"LCR公司"），负责1号公路的养护和运营。2019年3月以来，养护运营工作开展顺利，车流量稳步上升。三方合作的1号公路特许经营项目，填补了中国建筑海外公路运营的空白，是中国建筑参与"一带一路"建设、践行第三方合作的成果，也是中国建筑推进海外业务转型、实现长期可持续发展的重要举措。

一、项目概况

1号公路项目一期工程黑角至多利吉段全长160公里，2008年5月正式动工，2011年8月竣工。二期工程多利吉至布拉柴段全长376公里，2012年7月正式动工，2016年3月提前完工，2018年12月获得临验证书。

开路难，养路更难。由于缺乏公路养护理念和经验，非洲一些国家公路使用寿命常常远不及预期，刚果（布）国家一号公路也曾面临同样的困境。为了破解"运营难、养路难"的难题，中国建筑向刚果（布）政府提出了

"特许经营"的建议，并牵头联合法国 EGIS 公司和刚果（布）政府成立刚果（布）国家一号公路特许经营项目公司（简称"LCR"）。2019 年 3 月，LCR 正式启动运营，通过采用国际化运营方式，在最大程度保障道路通行安全的同时，实现公路资产保值增值和可持续发展。

刚果（布）国家 1 号公路通车后，从黑角到布拉柴维尔由原来的 3—6 个星期缩短至 1 天半以内，车辆日通行量平均提高了 10 倍以上，90% 以上的重要物资、矿产、森林资源的进出口均通过这条公路运输到黑角港，带动当地 GDP 增长了 69%，为沿线居民的收入提升创造了更多可能。

二、项目所在国营商环境

刚果（布）对外资持积极支持态度，在投资领域、投资方式和股比方面均不设限，并对内外资企业考量相当。外国"自然人"及企业在刚开展投资合作与当地居民享受相同待遇。外企可通过现汇、设备、技术等多种形式出资，采取合资、独资、并购等多种投资方式，成立代表处、分公司或子公司，刚对外资股比没有限制。从意愿角度分析，刚果（布）政府更希望合资经营，以便在引进资本和技术的同时也能引进生产和管理技术。

刚果（布）政府对外资以 BOT 和 PPP 模式参与合作持欢迎态度，并表态要大力采用 PPP 模式实施基建项目。2014 年 2 月，在布拉柴维尔召开的非洲建设论坛上，萨苏总统呼吁国际社会积极对非洲投资，大力推动 PPP 模式进行基础设施建设。

目前在刚果（布）开展此类合作的企业主要来自法国，如 2014 年法国耐高公司与刚果（布）政府以公私合营方式开发布拉柴维尔港，法国公司获得了布拉柴维尔河港为期 15 年的装卸和驳运特许经营权。黑角自治港和大洋铁路同样采用了公私合营模式，均由法国公司获得项目特许经营权。

三、项目的最大亮点或突出特点

（一）商业化思维运营项目

1号公路特许经营项目通过特许经营、规避项目运行风险、保证各股东利益、做好道路养护等工作，保证1号公路30年安全稳定通行为使命，实现可持续发展。

一是践行轻资产道路运营TOT模式，1号公路一半资金来源为中国进出口银行借给刚果（布）政府的贷款，中国建筑承建完成建设后移交给刚果（布）政府。政府再进行公共服务委托，LCR公司无前期投资压力。

二是项目谈判阶段争取有利合同条款、有效规避项目运行风险。积极开展谈判，争取到一系列有利合同条款，有效规避项目运行风险。

三是LCR公司以保证1号公路30年安全稳定通行为使命，根据与刚果（布）政府签订的特许经营合同要求，按照全运营周期的工作计划，通过开展日常养护、非日常养护及路面大修工作。保持道路良好状况，竭力保护公路资产，努力提供一条安全、持久使用的道路。

图为刚果（布）国家1号公路沿线的"绿色"

（二）提升品牌认知度、影响力

LCR 公司以长线视角看待道路资产，不断增强养护运营能力，提升专业性，致力于做好道路全生命周期服务，不断提升服务质量，获得本地市场认同。

（三）顺应国际形势要求，做好合规工作

LCR 公司深刻认识到在海外项目上合规工作的重要性，出台合规制度，定期组织开展合规培训、撰写合规风险排查报告，排除不合规风险。

（四）以可持续发展为目标，践行绿色经济

LCR 公司将绿色经济纳入五年发展规划，从推进无纸化办公，施工使用新型绿色材料和低碳工艺、循环使用旧材料，利用新型供电能源完善道路资产配套设施等方面践行绿色经济。

（五）有力带动当地经济与社会发展

1 号公路项目的实施带动了当地就业，为道路沿线居民提供了大量商机，提高了居民收入水平。1 号公路还提升了物流运输能力，让刚果（布）与外界经贸往来更加密切。

刚果（布）总统萨苏在 2018 年高度评价了国家 1 号公路，称中国帮助刚果（布）实现了一个长久以来的梦想。他说，刚果（布）一直希望可以陆上连接首都布拉柴维尔和第二大城市黑角。中国为刚果（布）修成这条公路后，首都与位于黑角的深水港之间实现公路通车，为通往大西洋的出海口带来了巨大经济和社会利益。

刚果（布）政府表示，该项目对于刚方解决公路运营养护难的问题具有创造性的借鉴意义，极大带动了当地就业，为公路沿线居民提供了大量商机，提高了居民收入水平。项目通过先进的运营、维护举措，为刚果（布）人民提供了一条舒适安全的公路，使得这条经济大动脉能持续为促进当地经济振兴和国家经济增长服务。

如今，刚果（布）国家一号公路已成为非洲腹地的一道美丽风景线，沿线城市乡村面貌焕然一新。在一号公路经过的刚果（布）第三大城市多利吉，有一座"劈山者"雕像，那是当地人民为了向中国建设者表达尊敬和感谢而竖立的。

四、项目带来的经验启示

（一）强化合规意识

海外项目必须做好合规工作，真正融入当地，深入学习所在国法律法规，强化"必须合规"意识，完成"要我合规"到"我要合规"的观念转变，以高标准、高要求律己。同时，还要引导合作伙伴认识到合规工作的必要性，共同提升区域营商环境。

（二）推行属地化管理

从项目建设到运营，提升属地化程度，是其中的重要一步。推动海外属地化运营可以实现经验复制和技术输出，降低人力成本，面对日趋激烈的国际竞争环境，结合运营需求，提高属地化可以提升企业的核心竞争力，满足发展海外业务的需要，还可以在当地创造更多就业岗位，解决就业问题，对改善当地民生具有重要意义。

LCR 充分体现了中法刚三方合作下的优势互补：中国建筑控股经营，充分利用中国基础设施高速发展的成功经验，统筹运营，协调各方利益以实现互利共赢；法方利用其在非洲地区的社会资源和沟通优势，同时 LCR 公司积极借鉴法方股东先进管理经验，通过科学的招聘方法、完善的培训体系、无差异化晋升空间和因地制宜的管理方法，努力打造出一支素质高、独立性强、高效率的属地化团队，节约运营成本；刚方充分发挥政府协调作用，为公司沟通对接政府部门和运输商协会等提供支持与帮助。这一模式成为中法非三方互利合作的典范，为刚果（布）甚至非洲公路工程提供了一种新模式，也为中资企业海外发展开拓了一片新天地。

（三）践行绿色发展理念

LCR 公司积极响应绿色丝绸之路建设，在项目上重视绿色发展，大力推行可再生能源的应用，在路面起刨料回收再利用、创新排污等方面成为刚果（布）企业的绿色发展代表。

（中国建筑集团有限公司供稿）

达舍尔甘地污水处理厂项目上的设计与创新赋能

　　孟加拉达舍尔甘地污水处理厂于 2016 年 10 月 14 日投建，是"孟中印缅经济走廊"和共建"一带一路"倡议的重要组成部分，是孟加拉国第一座使用中国援外优惠贷款、采用中国标准并由中国公司建设的水处理厂。2022 年 4 月 1 日，项目正式进入运维期，目前运行良好，出水水质指标和烟气指标均优于 EPC 合同约定的指标要求。项目建设运营过程中开创了多项"第一"。

一、项目概况

（一）背景介绍

　　孟加拉达舍尔甘地污水处理厂位于孟加拉国首都和第一大城市达卡市，是该市现代化污水处理总体规划的重要组成部分，工程设计污水处理能力 50 万吨 / 天，可以处理达卡市区近 500 万人口的生活污水，大幅改善达卡市水环境污染现状，是孟加拉国重要的民生项目。

　　该项目是"孟中印缅经济走廊"和共建"一带一路"倡议的重要组成部分，是孟加拉国第一座使用中国援外优惠贷款、采用中国标准并由中国企业建设的污水处理厂。项目在中孟两国元首见证下签署，并被列为商务部、国际合作署援外试点项目和样板工程，同时被孟加拉国政府列为总理重点项目，受两国政府高度关注。

（二）建设情况

2015 年 8 月 30 日，中国电力建设集团有限公司（简称"中国电建"）下属成员企业中国水电工程顾问集团有限公司与项目业主孟加拉国达卡市水务局（DWASA）签订了 EPC 总承包合同。项目合同金额为 2.8 亿美元，资金来源为中国政府提供的优惠贷款，中国进出口银行（简称"口行"）提供融资支持，并于 2016 年 10 月 14 日签署贷款协议。

项目建设期为 36 个月，运行维护期为 12 个月，开工日期为 2017 年 8 月 1 日。2018 年 8 月 19 日，时任孟加拉国总理、孟方相关部委官员和中国驻孟加拉国大使、参赞等共同出席项目开工仪式。2022 年 4 月 1 日，项目正式进入运维期，目前运行良好，出水水质指标和烟气指标均优于 EPC 合同约定的指标要求。

二、项目所在国营商环境

孟加拉国位于南亚次大陆，连接中国、印度和东盟这三个世界上重要的

图为航拍的达舍尔甘地污水处理厂项目全景

经济体，区位优势明显。近十年来，孟加拉国是南亚地区乃至全球最具经济发展活力的国家之一，GDP平均增速保持在6%以上。

近年来，孟加拉国政局和社会秩序基本稳定，政府为实现"金色孟加拉梦想"，推出了一系列经济社会发展规划，包括大力发展基础设施、能源电力、交通、通讯、化工、纺织服装等产业，努力实施工业化战略；通过创建经济区、高科技园区、出口加工区等方式积极鼓励和吸引国内私营企业和外商投资。孟加拉国政府计划到2030年新建100个经济区，相关经济区的建设正在积极推进之中。

孟加拉国是首个响应共建"一带一路"倡议的南亚国家。2016年10月，中孟双方宣布将两国关系提升为战略合作伙伴关系，签署了"一带一路"合作文件，中孟经贸合作迈上新台阶。孟加拉国是中国重要的承包工程市场；中国连续多年保持孟加拉国第一大贸易伙伴；2020年中国对孟加拉国投资增量排名第一。经贸合作成为促进双边关系健康发展的"压舱石"和"稳定器"，共建"一带一路"倡议与"金色孟加拉梦想"日渐融合，正在缔结日益丰硕的合作成果。

三、项目突出亮点和特点

（一）坚持融合发展，共商项目建设方案

项目团队践行"共商、共建、共享"的融合发展原则，坚持与孟加拉国项目业主、咨询工程师团队和当地利益攸关方密切沟通项目建设方案。在项目总体方案谋划期间，主动对接孟加拉国及达卡市相关规划要求，广泛听取项目业主和咨询工程师建议，从项目全生命周期价值最大化出发，因地制宜选择稳定高效的工艺处理流程和建（构）筑物类型。在项目设计指标选取时，注重结合短期利益和长期经济发展诉求，为项目沿线开发区远期发展留足了设计余量。

（二）坚持技术创新，有效化解项目风险

项目实施充分发挥设计龙头作用，坚持生产建设和技术创新相互促进，积极推动中国专利技术出海，全方位保障项目建设工作的顺利推进。一是通过强化设计龙头作用，充分发挥技术优势，对原方案不合理、不经济的地方进行了大量设计优化，节约了项目工期和成本，有效化解了项目风险。二是在项目建设过程中，坚持从生产需求出发，鼓励全员参与科技创新，深度挖掘项目工法、专利和软件开发潜力，实现了生产建设和科技创新相互促进的共赢目标。三是积极推动中国专利技术出海，由于项目初步方案会导致污泥处理占地面积较大、不适合孟加拉国人多地少的国情，项目组经过反复对比、优中选优，最终采用了拥有自主知识产权的回转窑污泥焚烧方案。

（三）坚持管理创新，为项目建设提质增效

首先，精细化管理促进设计和施工深度融合。项目设计团队工作整体前移，常年维持十余名设计人员常驻现场快速掌握现场情况，及时与咨询工程师和施工方对接确定设计方案。在图纸报送咨询工程师之前内部举行专题沟通会，及时将施工方合理诉求融合进设计方案中；在项目施工图正式批复后及时组织设计交底会宣贯设计意图、提重难点，以免发生施工错误而导致返工延误工期；在施工过程中，及时派遣人员赴现场督促检查施工成果。通过上述制度化安排，有效解决了设计方和施工方不协调、不统一问题，施工准确性、施工效率和施工质量都得到了显著提高。

其次，建立科学有序的项目采购管理体系。充分利用好中国电建集团集中采购平台的规模优势，提升采购议价能力；按照"三个严格"要求严选优质供应商、严把质量监督关，加强事前、事中和事后过程管控；提前策划经济合理的物流方案，兼顾发运批次、物流成本和现场施工需求，并针对超大超重件设备运输方案提前做好路勘工作、制定专门的运输方案，整体降低项目采购成本，为项目建设增值。

第三，"一体化管理"创新项目管理模式。孟加拉达舍尔甘地污水处理厂参建方数量多，利益诉求和管理目标不同，项目团队积极谋划创新项目管理方式，提出了"一体化管理"模式，基本原则是各就各位、各司其职、分工不分家、全面协同，真正做到"风险共担、合作共赢"。同时，将核心分包方纳入总承包方的项目组织机构中，全面参与总承包方召开的各项例会，各分包方以总承包方的名义直接面对业主和咨询工程师进行技术沟通、直面问题共同讨论解决方案，工作效率得到了显著提升。

（四）属地化管理稳步推进

孟加拉国是一个多民族、多党执政的国家，人多地少、失业率居高不下，2020年席卷全球的新冠疫情更使得项目建设工作雪上加霜。项目执行过程中，项目团队坚持稳步推进属地化管理。

一方面积极落实当地元素，提升属地化水平。包括在项目建设过程中，全部采购本地的水泥、钢筋、河砂和柴油等原材料；主动与当地大学和社区建立合作关系，确保录用当地工程师进入项目管理团队，提升属地化管理水平。

另一方面主动履行社会责任，树立企业形象，自筹资金对当地道路和桥梁进行改造升级，多次向项目所在地学校、社区捐赠日常急需用品。

四、项目经验及启示

（一）惠及民生，采用先进技术

达卡市区人口密集、雨污混流，污水处理设施比较落后，污水直接排入河道造成了严重的污染问题，达卡市民深受污水问题困扰。达舍尔甘地污水处理厂项目的建成投运，一定程度上改变了这种局面，将有效治理达卡水环境生态污染，解决500万达卡居民生活用水问题，提高达卡市民的生活水平。

达舍尔甘地污水处理厂项目的建设运营过程中开创了多项"第一"：是

孟加拉国第一座也是最大规模的现代化大型污水处理厂、南亚地区迄今为止最大的单体污水处理厂以及孟加拉国第一座现代化污泥焚烧厂。

（二）重视设计，优化施工管理

该项目的实践中有几点启示值得总结：一是充分发挥设计龙头作用，通过整合外部专家资源复核项目设计方案，深挖精细化设计潜力降本增效，为项目建设增值。

二是针对国外工程总承包项目设计、采购和施工同时进行、环环相扣的难题，设计图纸及时批复至关重要。以"现场设计"代替"现场设代"虽然会增加少量成本，但能够大幅度提高沟通效率，设计图纸及时获得咨询工程师批复，为项目赢得宝贵时间。

三是国际工程总承包项目的沟通效率对项目成败至关重要，"一体化管理"方式有利于充分发挥各方优势，缩短管理链条、提高沟通效率，为项目加快推进奠定基础。

四是充分发挥发运维团队的专业优势，以结果为导向提前进入项目现场，加强施工过程控制，将大大缩短消缺和调试时间，确保项目一次性达标排放。

五是"穿透式"管控模式破解了现场建设项目部层级低、资源协调难度大的问题，充分调动公司总部部门和现场项目建设部门发挥各自优势，及时高效推进项目建设工作。

（中国电力建设集团有限公司供稿）

柬埔寨暹粒吴哥国际机场项目的 BOT 实践

　　为保护吴哥窟历史遗迹，联合国教科文组织发布报告建议柬埔寨政府重新选址建设新的暹粒机场。2016 年，云南省投资控股集团有限公司（简称"云投集团"）联合云南建投集团、云南机场集团（现云南航产投集团）就共同投资建设暹粒吴哥国际机场项目达成共识，三家企业共同在柬埔寨出资成立吴哥国际机场投资（柬埔寨）有限公司（简称"吴哥公司"），发挥各自优势特长实现项目投资、建设、运营一体化。2016 年 10 月，两国元首共同见证《柬埔寨暹粒吴哥国际机场项目 BOT 特许权协议》的正式签署。该项目不仅是第一个完全由中国企业以 BOT 模式运作实施的海外民航机场，也为促进吴哥窟遗迹保护、带动柬埔寨经济发展发挥了重要作用。

一、项目概况

　　吴哥国际机场项目选址距吴哥窟 40 公里，距暹粒市区 51 公里，占地约 700 公顷。项目主要包括航站楼、机坪区、飞行区、市政功能配套区等功能分区。吴哥国际机场采用 BOT 模式实施投资，按照吴哥公司与柬埔寨政府签订的协议，吴哥公司负责项目设计、建设、开发和经营，建设期 5 年、经营期 50 年，经营期结束后移交柬埔寨政府。吴哥国际机场项目于 2020 年 3 月全面启动施工建设，已于 2023 年 7 月取得柬埔寨国土规划建设部颁发的项目竣工许可证，计划于 2023 年 10 月通航。

图为航站楼工程航拍

作为首个由中资企业在境外组织实施运营的民用机场，项目建成通航后能够为中国民航海外运营建立实践样板，在民航标准输出、管理输出、技术输出、产品输出、装备输出等方面开展积极有益的探索。

二、项目所在国营商环境

政治环境方面，柬埔寨实行君主立宪制，自洪森首相执政以来，政局保持基本稳定，政府重视提高执政能力，短期来看，柬埔寨出现政局动荡的可能性较小。

市场准入方面，柬埔寨对所有企业基本给予同等待遇，在柬投资活动比较宽松，不受国籍限制（土地产权除外）。除禁止或限制外国人进入的领域外，外国投资人可以个人、合伙、公司等商业组织形式在商业部注册并取得相关营业许可，即可自由实施投资项目。外国投资者可以 100% 控股注册企业。

税收制度方面，柬埔寨实行全国统一的税收制度，采取属地税制。1997年《柬埔寨王国税法》和 2003 年《柬埔寨王国税法修正法》为柬埔寨税收制度提供了法律依据。柬埔寨实行自行申报的税务体系，由柬埔寨税务总局行使税务征收和管理的责任。柬埔寨主要税种包括利润税、最低税、预扣税、工资税和增值税等，柬埔寨税务总局于 2020 年 9 月正式实行全面网上报税。

土地获得方面，柬埔寨《土地法》规定，只有柬埔寨自然人或法人才有权拥有柬埔寨土地，外国自然人不得拥有土地。在柬注册的合资企业可以拥有土地，但其 51% 以上的股份需由柬籍自然人或法人持有。此外，《土地法》规定，除为公共利益外，国家不得剥夺土地所有权，需剥夺土地所有权的，应按法律规定的形式和程序进行，并提前予以公平、公正的补偿。

外汇管制方面，柬埔寨是全球第三大美元资产国、亚洲唯一以美元计价的国家，采用自由浮动汇率，美元可以直接在柬埔寨市场流通。《外汇法》《反洗钱及反恐怖融资法》是柬埔寨关于外汇业务管理基本规定的主要法律。根据相关规定，居民可自由持有外汇，在柬埔寨商业主管部门注册的企业均可开立外汇账户。

投资优惠政策方面，柬埔寨投资优惠政策可分为合格投资项目优惠政策、经济特区优惠政策、特定行业优惠政策。2003 年通过的《柬埔寨王国投资法修正法》规定自然人或法人设立合格投资项目的程序，明确了只有合格投资项目才可享有法律赋予的投资优惠政策。法律规定，位于经济特区或出口加工区的合格投资项目，除享受与其他合格投资项目相同的优惠政策外，还享有免征增值税、开发商土地特许、特别海关程序等其他相关鼓励措施。柬埔寨政府还颁布了针对农业、纺织业、电信服务、石油天然气及矿产开采等特定行业的优惠政策。

三、项目突出亮点和特点

（一）"一带一路"与"四角战略"的对接实践

"一带一路"框架下的"设施联通"涵盖交通设施、通信设施和能源设施三个方面。恢复与重建基础设施是柬埔寨"四角战略"的重要组成部分。吴哥国际机场项目是柬埔寨政府重点打造的大型国际机场，项目投资建设契合共建"一带一路"倡议和柬埔寨国家发展战略，建成后将为柬埔寨当地经济社会发展、创造就业岗位提供巨大的支撑作用。

（二）首个中企投资、建设、运营的海外机场

作为首个完全由中资企业投资、建设、运营的海外民航机场，打破了柬埔寨国内由法国公司垄断机场运营的格局。项目设计主要参考中国民航相关标准规范，项目建设过程中的材料设备和施工组织主要由国内企业负责实施，后期运营管理主要依托云南机场集团，项目顺利实施对推动中国民航技术标准、建设实践及管理体系走出国门具有重要意义。

（三）建设面向南亚东南亚辐射中心的重要支撑

建设我国面向南亚东南亚辐射中心，是党中央赋予云南的历史使命和政治责任，也是云南推动高质量跨越式发展的重大机遇和重要平台。暹粒省作为吴哥窟所在地，是高棉文化的标志和代表，具有独特的人文优势。机场作为公共交通节点，人流量大、辐射范围广，是重要的宣传窗口。吴哥国际机场项目建成后，将充分发挥机场的辐射带动作用，深化我国云南与柬埔寨及东南亚国家的交流往来和经贸合作，进一步发挥云南的区位优势，为辐射中心建设提供有力支撑。

四、项目经验及启示

（一）重视国情与法律体系的差异

世界银行公布的《全球营商环境报告2020》显示，柬埔寨在190个国家中排名第144位，在东盟11国中位列第8位。当前，柬埔寨在外商投资领域的政策与相关法律制定方面已经逐步好转，对投资者的资产保护措施和纠纷解决机制也在不断优化，但柬埔寨的法律体系建设整体上仍处于初级阶段，

尤其是法律体系与司法制度的系统性和有效性亟须提高。企业在柬埔寨投资应高度关注国情、社情、投资环境、法律体系与国内的差异，应对该行业内涉及的柬埔寨法律、法规进行全面的了解，在此基础上熟悉利用这些法律法规对相应的法律风险进行规避。

（二）注重顶层设计和规划

投资项目应尽可能结合共建"一带一路"倡议的目标和重点，坚持"因地制宜、因时制宜"，确保项目的发展定位、目标建设能够对共建"一带一路"倡议形成支撑。规划过程中应加强与国际知名中介机构尤其是东道国中介机构的合作，知名中介机构具有国际经验和对国外市场深入认识的优势、信息优势、专业优势以及与国外知名企业双向沟通的能力，可以为企业提供审计、税务、管理、财务、上市渠道或金融支持等专业服务。

（三）契合东道国战略需要确定投资方向

企业在选择投资项目时，需平衡各投资方的发展诉求，寻求共同的合作价值，促进项目稳定发展。我国"走出去"企业通常具有资金、技术和管理经验方面的优势，但也面临对国外政治制度、政策法律、语言文化不熟悉等短板，应密切联系东道国政府和企业，加快推进项目建设和属地化经营。

（四）多措并举积极防范化解各类风险

企业应加强对东道国的政治、经济、法律、外汇等国别营商风险进行前瞻性研究，制定应急预案。应重视本土化取向和跨国经营中的文化融合问题，在确保盈利和发展的同时积极承担社会责任，惠及当地政府和民众。应遵循"利益均沾，风险共担"的原则，尽可能做到股权多元化、企业国际化、利益多元化。

（云南省投资控股集团有限公司供稿）

从建设到运维
麦加轻轨项目属地化惠及多方

2023 年 7 月 1 日下午 6 时，随着最后一辆列车缓缓驶入麦加轻轨位于阿拉法特区的车辆段，紧张繁忙的麦加轻轨朝觐运营任务进入尾声。麦加轻轨是目前世界上设计运能最大、列车运营模式最复杂、同类工程建设工期最短的轻轨铁路项目。

中国铁建股份有限公司（简称"中国铁建"）通过整合国际资源、建设多元人才团队、打造跨文化管理能力，顺利完成 9 次麦加轻轨运营任务，为

图为朝觐运营列车行驶在目兹台里法 1 站至阿拉法特 3 车站

当地培养交通管理人才的同时，带动中国企业海外协同发展，在中东地区打造了朝觐运营的闪亮名片，展现了中企运营团队的精神风貌。

一、项目概况

麦加轻轨是沙特的第一条轨道交通项目，也是中国企业在海外第一次采用 EPC+O&M 总承包模式（即设计、采购、施工加运营、维护）建设的铁路项目，用于缓解每年数百万穆斯林在朝觐期间的交通压力。

麦加轻轨全长约 18 公里，途经米纳、穆兹达里法和阿拉法特 3 个主要朝觐区域，全线共设 9 座车站和 1 个车辆段，要求高峰期单向客流 7.2 万人。该项目于 2009 年 2 月开工，2010 年 10 月开通运营，在短短 20 个月时间里，中国铁建克服了工期紧、任务重的困难，最终按照业主规定的工期如期开通运营。成功进行麦加朝觐运营 5 年以后，中国铁建于 2015 年完成终验并将麦加轻轨项目如约交给沙特业主。后鉴于前期运营的良好口碑，2018 年中国铁建再次"返场"负责麦加轻轨朝觐运营项目，除了 2020、2021 年因疫情原因政府暂停运营，中国铁建又连续顺利实施了 4 个年度的朝觐运营。

二、项目所在国营商环境

沙特以"石油王国"著称，是世界上石油储量、产量和销售量最多的国家之一，石油收入是国家最主要的经济来源。近年来，沙特政府实行经济多样化政策，重点发展现代工业和基础工业，以逐步改变单纯依赖石油收入的状况，建立现代化、多样化的国民经济体系。在 2016 年沙特推出了 2030 愿景和国家经济转型计划，大力推动经济"去石油化"，以期摆脱对石油出口的依赖。

在社会经济方面，沙特颁布了《政府招标采购法》及相关实施性条例，适用于并约束所有公共板块的工程项目。

建筑行业是沙特石油产业、信息产业之后的第三大产业，对沙特国民经济的直接贡献较大。沙特政府高度重视建筑行业，对本国建筑行业的保护也较明显，对于外资承包商参与本国项目有一些限制，可能直接影响项目成本。

增值税：沙特政府于 2018 年 1 月 1 日开征增值税（5%）。2020 年 7 月 1 日，增值税税率调整为 15%。

本地化分包要求：沙特投资法要求所有政府项目的合同总额 30% 的工作由本地公司承担。

属地化要求：沙特近年来不断提高沙特化即强制要求外籍公司雇佣一定比例的沙特籍员工的要求，也计划对沙特员工在公司员工中的占比，沙特员工的工资、岗位性质、培训等做出更具体更高的要求。

人头税：沙特 2016 年开始对在沙工作的外籍人员征收人头税，该人头税从起初的每人每月 200 里亚尔，逐步增加至 2020 年以后 800 里亚尔每月每人，且成为保护沙特籍公民就业的措施之一，给大量使用外籍务工人员的工程承包行业带来一定影响。

三、项目突出特点

麦加轻轨朝觐运营项目上的最大特点是整合能力。在 18 公里长的运营专线上，来自 10 多个国家的几十家分包商，在短短的 7 天运营时间里，被捏合成一个有机整体，前后贯通、运行有章、疏导有序，高效、安全、舒适、便利地完成了历年朝觐运营。

（一）秉持开放包容理念，汇集各方人才

中国铁建秉持开放包容的态度，广纳贤才。麦加轻轨从项目土建施工到正式开始运营，整个过程招聘了大量不同国籍的工程技术人员、运营管理人员、维保工程师和工人，他们为麦加轻轨如期开通和运营做出了重要的贡献。2018 年 5 月，中国铁建重返麦加之时，离朝觐正式运营只有短短的三个月。

面临人员的缺乏，中国铁建利用当地资源发布信息，短短时间内应聘人数竟然高达一万多人，不但有曾经合作过多年的老朋友，更有慕名而来的新朋友，这是中国铁建多年来坚持属地化经营取得的良好回报，实践证明这条路会越走越广。

在运营团队组建上，项目部通过各种方式来确保每年朝觐期运营人才的充足。对于信息调度和车站调度，项目部每年在本地进行招聘。对于车站管理人员，一半人员在本地进行招聘，一半人员在马来西亚进行招聘。此外，每年还需要聘用7000多人的当地临时人员负责车站和列车的人群控制管理。

麦加轻轨吸纳一切优势力量为项目的运营服务，实现了强强联合优势互补，取得了较好的经济效益，也为进一步发展提供了坚强的支撑。

（二）提升跨文化管理能力，为属地化发展提供动力

共建"一带一路"进入高质量发展阶段，"走出去"的企业要面对与国内不同的政治体系、文化背景、发展环境和舆论体系。这种差异表现出多样性、复杂性特点，给企业跨国经营带来一定的风险和挑战。

中国企业在海外项目上，要有意识地加强跨文化问题的研究和解决，逐步适应跨文化差异，只有顺利通过"语言沟通关、文化融合关、属地经营关"，才能实现在当地的高质量发展。

为打造项目的跨文化管理能力，麦加轻轨项目部加强了对中方员工海外心理适应能力和自我调整能力的培训。通过开展内部跨文化交流活动，使不同文化背景的员工了解他国文化中的文化风俗，提高员工对不同文化的适应性；针对内部可能存在的跨文化风险，开展问卷调查等活动，及时了解各类员工的诉求，有针对性地提出解决方案；项目部对中方员工进行阿拉伯语培训，对外籍员工讲解中国文化，提供学习汉语的机会；积极组织中外员工的联谊活动，加强外籍员工和中方员工的交流沟通。

同时，在职位晋升和奖励方面同样给予当地员工一定的支持，2023年朝觐

运营结束后，项目部表彰了部分在朝觐运营中表现突出的员工，其中本地及外籍员工占据了半壁江山，以此增强当地员工归属感，关系得到深入，彼此信任得到加强。

中国铁建与合作各方通力协作，形成了一个有机整体。在 2023 年的运营中，自 6 月 25 日凌晨 4 点整开始，在 7 天 6 夜的时间里，项目持续运营 158 小时，运营里程合计 5 万多公里，发行列车 2208 列，运送乘客共计 215 万余人次，整体运营安全、平稳、有序。

四、项目为所在国及利益相关方带来多重收益

这个项目的实施过程中，所在国和利益相关方均获得了良好收益，是一个互惠互利、各方共赢的典型项目。

（一）为当地培养大量轨道交通管理人才

麦加轻轨在多年运营过程中，大量聘用本地员工，帮助缓解当地就业、带动相关行业发展。人员招聘完成后，项目部对所有运营人员进行系统科学的培训，针对不同岗位制定不同课程，提高当地员工业务水平。全球人才资源的整合、科学高效的培训，确保了项目运营团队的专业化和可靠性，为完成运营任务打下了坚实的基础，也为沙特培养了一批又一批的铁路运营管理人才。

重视当地员工的职业发展，是中国企业走出去、践行国际责任和社会责任的重要组成部分，也是中国企业谋求发展、加强属地化和本地化管理的必由之路。只有扎根海外，与当地企业和员工共同发展，项目和企业的未来才会走的更加坚实、走得更远。

（二）提升当地轨道交通运营管理水平

中国企业在海外实施工程项目，要认真考虑对业主、合作伙伴、当地社区、生态环境等利益相关方的影响，打造"当地友好型企业"，做"受当地

社会尊敬的中国企业"，实现民心相通。

沙特的轨道交通建设发展迅速，未来轨道交通规划较多，铁路运营人才需求很大。在运营沙特麦加轻轨的 9 年时间中，累计培训员工约 5 万余人次，不少外籍员工走上了运营管理岗位。如今在麦加轻轨工作过的铁路运营人才已经广泛分布于麦麦高铁、利雅得地铁等项目，成为沙特轨道交通运营管理的中坚力量，提升了当地轨道交通管理水平。

（三）项目运营给企业带来可观效益

在各方一致的共同努力下，项目在每年的朝觐运营都顺利实施，这种顺利实施除了带动当地的产业以外，也实现了中企的抱团出海、协同发展。每年的朝觐运营，车辆调度、开行的运营管理由北京局负责，信号、供电等设备的维保单位是中铁建电气化局，车辆的维护保养单位为中车股份公司等等，既向全世界推广了中国制造，展现了中国作为智造强国的实力，也体现了中国企业的轨道交通施工建设维保运营能力，企业也获得了可观的经济效益。合作过程中，有的企业不断壮大，依靠自身优势和特点，已经开始独自承揽在沙特阿拉伯的业务，发展越来越好。

如今，中国铁建在麦加轻轨项目上实现了可持续和良性发展，在圆满完成多年朝觐运营后，2021 年 4 月中国铁建与沙特铁路公司谈判签订了 5 年运营维保合同，成为以干促揽的典型范例。

（中国铁建股份有限公司供稿）

中卡合作整合资源建成
卢赛尔体育场

卢赛尔体育场是卡塔尔的标志性建筑，是中卡务实合作的标志性项目，也是首个由中国企业以设计施工总承包身份承建的世界杯主体育场项目。

5年间，中国铁建股份有限公司（简称"中国铁建"）与卡塔尔当地合作伙伴携手建立了"优势互补、风险共担、利润共享"的紧密型联营体管理模式，通过对全球优质资源的高效整合，攻克了一系列技术和设计难题。项目

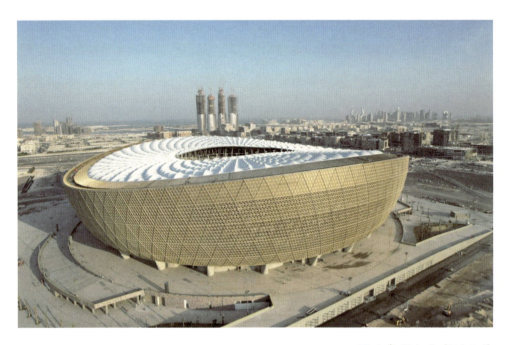

图为卢赛尔体育场全景

实施过程中，先后有近 30 家中国企业参与其中，带动了中国方案、中国技术、中国装备"走出去"。

一、项目概况

在卡塔尔首都多哈以北约 15 公里的卢赛尔新城、波斯湾畔，矗立着一座雄伟的球场，远望如同一只金色巨碗，这就是 2022 年卡塔尔世界杯主场馆——卢赛尔体育场。它可以容纳 92000 多名观众（包含临时座椅），是目前世界上规模最大、技术最先进的体育场之一。

2016 年 11 月 10 日，HBK– 中国铁建联营体中标该项目，合同模式为设计建造合同，合同总额 28 亿里亚尔（约 7.67 亿美元），项目资金来源为卡塔尔遗产与交付委员会专项资金。2016 年 11 月 21 日，项目正式开始建设。

卢赛尔体育场设计整体呈马鞍形，直径 312 米，东西高 74 米，南北高 58 米，设计灵感来自当地椰枣碗和珐琅灯笼，整体外观造型呈碗状，屋面呈马鞍形，采用波浪形膜结构，外幕墙为金色双曲面铝板幕墙。

该项目具有体量大、施工精度要求高、系统集成种类多等特点和难点，屋面索膜结构总面积达 59800 平方米，约 5600 吨，是世界上面积最大、重量最重的屋面索膜结构体系；屋面受压环最重的一吊近 470 吨，是目前卡塔尔钢结构房建项目建造史上最重的一吊；主体钢结构上接屋面索网结构，外接幕墙结构，巨型压环起着承上启下作用，必须做到精准对接，误差允许范围在毫米级别。

作为要满足世界杯比赛、观看、转播等多需求的特大型、综合性的场馆，场馆座位、通风设施、装饰、音响等诸多配套建设极多，仅机电设备就有 20 多个主系统和近 80 个子系统，使得该体育场成为一个极为复杂的综合体，是场馆建筑史上技术要求最高、施工难度最大的项目之一。

为保障施工顺利完成，中国建设者采用了一系列先进技术，在钢结构吊装及外幕墙安装过程中运用利用 BIM 技术解决了一系列重大技术难题，开创了中国企业在海外超大型顶级赛事体育场馆中全面应用 BIM 技术的先河。与传统的基于二维图纸的设计建造方式相比，BIM 技术利用信息化对建筑全生命周期进行数字模拟，实现多维度信息集成。

"利用 BIM 技术对体育场内微环境进行分析，项目部模拟了场内温度、湿度和气流速度等，同时综合考虑大型摄影机、媒体转播平台等障碍物因素，再根据相关数据合理设置座位，满足观众舒适度，也确保观众视线符合国际足联要求。"参与馆内设备安装的约旦工程师艾哈迈德·奥泰比说，"这是我第一次接触这样的技术，在与中国同事的沟通和学习中，我也受益匪浅"。

2021 年 9 月 30 日，卢赛尔体育场项目完工。2022 年 8 月 11 日，卢赛尔体育场项目获得竣工证书。2022 年 9 月 9 日，卢赛尔体育场举办 Lusail Super Cup，这也是该场馆举办的第一场正式比赛。

二、项目所在国营商环境

卡塔尔近期政治局势继续保持稳定。卡塔尔的支柱产业是石油天然气及与之相关的石化产业，占卡塔尔 GDP 的 50% 以上。近年来，卡塔尔经济逐渐由单一油气经济向多元化发展，推行经济多元化战略，2014 年底卡塔尔非油气领域产值首次超过油气领域，占 GDP 的 50.7%。2017 年非油气领域经济比重进一步提高，达到 51.8%。

中卡两国经贸务实合作已逐步形成以油气合作为主轴、以基础设施建设为重点、以金融和投资为新增长点的全新格局。两国在双边贸易、双向投资、成套工程、金融合作等方面的合作还有很大潜力可挖，两国产业间合作前景良好。

1988 年建交以来，中卡两国关系发展顺利。近年来，卡塔尔与中国的关系取得重大发展，两国之间的战略互信不断加强，各领域务实合作深入开展，在文化、金融、航空等领域合作成果丰硕。卡塔尔是中国的第二大液化天然气来源国，中国是卡塔尔的第一大贸易伙伴，2021年两国贸易额超过170亿美元，比2020年增长57%。到2022年底，两国之间的贸易额很可能增加到200亿美元以上。

统计数字显示，卡塔尔是全球最大的液化天然气出口国之一，中国是液化天然气的最大消费国。据卡塔尔驻华大使杜希米介绍，卡塔尔已与中国达成多项短期和长期协议。仅在2020年，卡塔尔就与中国石化企业签订四份贸易协定，2021年卡塔尔又与中国签订价值30亿美元的液化天然气船建造合同。此外，卡中双方还签署了2814辆电动客车和柴油客车的出口合同，为2022年世界杯的绿色运输目标做出贡献。

在双边关系持续健康稳定发展的同时，中卡两国在地区事务上也加强合作。在2022年9月的上海合作组织撒马尔罕峰会上，卡塔尔正式获得上合组织对话伙伴地位。杜希米强调，卡塔尔的外交政策特别关注在上海合作组织框架内发展富有成效的关系。卡塔尔强烈希望获得上海合作组织的正式成员资格，因为上海合作组织的工作完全符合卡塔尔外交政策战略的基本原则。

三、项目亮点分析

卡塔尔卢赛尔体育场项目的圆满完成，是中国铁建积极践行"共商共建共享"理念的体现，深入推进共建"一带一路"倡议落地的丰硕成果。项目最大亮点在于资源整合，该做法贯穿项目整个生命周期。

（一）中阿携手共商，全面推动项目落地

2016年初入卡塔尔市场，中国铁建经过充分调研，选择与当地著名建筑承包商HBK公司联合经营，以45∶55的权益比例，按照"利润共享、优势互补、风险共担"原则，组成紧密型联营体，参与卢赛尔体育场的竞标。

在投标过程中，中国铁建充分发挥了国际资源整合能力，在短时间内组建了由英国、奥地利、意大利、美国、阿联酋及卡塔尔等十几个国家的国际知名承包商组成的协作团队,为设计优化、分包组价等奠定了良好基础。同时,HBK 公司充分发挥了熟悉当地市场和当地法律法规的优势,对土建、机电等招标进行全面深入分析,确保了投标文件全面响应业主要求,规避了不熟悉当地情况带来的经营风险。

2016 年 11 月 10 日,HBK– 中国铁建联营体中标该项目,合同模式为设计建造合同,合同总额 28 亿里亚尔(约 7.67 亿美元)。这是中国铁建乃至中国企业首次执行国际足联最高标准的世界杯主体育场设计建造任务。

(二)中阿联合共建,圆满完成项目建设

卢赛尔体育场由混凝土、钢结构、屋面索网和幕墙结构组成,其中外围钢结构由压环、V 柱及双曲面单元幕墙次钢结构组成,屋面采用 274 米大跨度鱼腹板索网结构。为了适应这种高难度复杂项目的管理要求,双方依据各自优势,对外作为一个整体,在内部则有分工,其中中国铁建主要负责项目设计管理、主体钢结构、屋面索膜结构等技术难度高、挑战大的工作;HBK 公司负责机电设备安装、幕墙工程等需要当地资质和业绩要求等工作;对于难度系数相对不大的混凝土结构工程和装饰装修双方采取自施和共管的模式。这种紧密型联营体的管理模式,既充分发挥了各自的优势,也起到了相互监督制衡、防范重大风险的作用。

作为要满足世界杯比赛、观看、转播等多需求的特大型、综合性场馆,卢赛尔体育场座位、通风设施、装饰、音响等诸多配套建设极多,仅机电设备就有 20 多个主系统和近 80 个子系统,设计施工管理难度极高,为此,中国铁建协同 HBK 公司,打破国际地缘边界,整合国际知名施工建筑企业,强强联手。其中,英国 AFL 公司为建筑分包单位,中国北京建筑设计院(BIAD)负责主体钢结构及屋面索膜结构,意大利 HILSON MORAN 公司负责暖通工程,西班牙 MYAA 公司负责装饰装修,黎巴嫩 LIGHTING

GROUP 公司负责室内外照明，英国 AVC GROUP 公司负责音视频及广播，美国 FALCON 公司负责餐饮厨具，等等。从投标到实施、完工移交，直接和间接参与的企业多达 200 余家，其中设计咨询类公司约 30 家，供应商近 100 余家，参建的施工企业超过 50 家，堪称一支以中阿合作为基础、以国际化团队为主力的联合舰队，为项目的顺利推进提供了有力的技术、人才支撑。

四、项目主要效益

卢赛尔体育场项目的顺利完成，不但使卡塔尔政府获得了国际足联的高度认可，提升了卡塔尔国际影响力也使中国铁建的品牌享誉卡塔尔和中东地区，实现了"双赢发展、荣誉共享"的良好局面。

包括卡塔尔埃米尔、首相和沙特王储在内的多国政要在参观项目后均给予了高度评价。2021 年 3 月，卡塔尔首相兼内政大臣哈立德考察该项目时表示，卢赛尔体育场不仅是 2022 年世界杯关键设施，也是卡中务实合作的标志性项目。2021 年 10 月，卡塔尔埃米尔塔米姆在多哈会见国务委员兼外长王毅时感谢中方企业如期建成卢赛尔球场。2020 年 12 月，卡塔尔政府新发行的 10 里亚尔纸币上就有卢赛尔球场图案，"中国建造"成为名副其实的卡塔尔地标建筑。

得益于卢赛尔体育场项目的高质量完成，中国铁建又中标了卡塔尔公共工程局2.45亿美元的道路基础设施建设项目，并与该业主以及卡塔尔交通部、卡塔尔铁路公司等深入探讨沙尔克跨海大桥、多哈地铁延长线等重大项目的规划和建设，未来将以更高质量的合作，继续深耕卡塔尔市场。

（中国铁建股份有限公司供稿）

新加坡绿洲台项目：
建设环境友好型新建筑生态

　　中建南洋公司是中国建筑设立在新加坡的全资子公司，自 1992 年成立以来一直深耕新加坡市场，现已逐步成长为行业内规模领先的综合型企业。2015 年 7 月，绿洲台项目正式开工，历经四个建设阶段，总工期 28 个月。由于项目的出色表现，在新加坡建设局的质量评分中，获得了 CONQUAS STAR。中建南洋公司将环境友好理念融入项目的建设过程，以自然为邻，融入自然为家，深度融入当地文化，承担企业社会责任，使项目建设与当地发展紧密融合。项目体现了新加坡"花园城市"的定位，打造环境友好型的新建筑生态。中建南洋公司秉持国际化的理念和视野，以高水平建筑水准建设

图为绿洲台项目

创新型邻里中心，坚持高质量的工程建设和人性化的项目管理，推动中国高水平建筑标准走向国际。

一、项目概况

项目总建筑面积 27421 平方米，占地面积 13037 平方米，场地周长 459.53 米，临时租借地块面积 7,068 平方米。该商业建筑主要包括综合诊所、地下室、停车场等的设施，及一座通往绿洲轻轨站的高架桥，于 2015 年 7 月 22 日开工。项目建设经过四个发展阶段：第一阶段主要建造变电站和变压器室；第二阶段主要进行最后一个检查室与现有沙井的连接；第三阶段进行综合诊所部分的修建，包括车道、装卸货区、天桥和地下室停车场；第四阶段开展邻里中心和其余工程，包括外部景观平台、屋顶等，完成邻里中心 TOP 包括所有的测试和调试，以及建屋局所有必要检查。

二、项目所在国营商环境

新加坡位于亚洲的心脏地带，地处作为太平洋与印度洋航运要道马六甲海峡的出入口，地理位置优势得天独厚。国土面积 719 平方公里，总人口 569 万。在政府多年来的规划和调控下，新加坡已经成为亚太地区的国际物流枢纽和金融中心，也是全球商业活动最活跃的国家之一。总体来说，新加坡有着非常规范的营商环境，政治稳定、法律健全，投资前景向好。新冠疫情发生之前，新加坡连续 4 年在世界银行发布的营商环境报告中排名全球第二，仅次于新西兰。而在这之前，新加坡曾连续 10 年排名第一。疫情给新加坡经济、社会带来了重大影响，该国政府及时采取措施，在危机中依然设法维持和改善营商环境。2021 年，该国名义国内生产总值达 5334 亿新元（约合 3849.55 亿美元），同比增长 7.6%，扭转了 2020 年同比下滑 4.1% 的颓势。

新加坡政府为吸引企业投资，实施了极具竞争力的税率和税法，并针对石油化工、电子业、清洁能源等支柱性产业落实了全面的、战略性的产业发展方针。新加坡对外签署了70多个避免双重征税协定和40多个投资保护协定，降低投资风险与避免双重征税。立足于新加坡的企业可以利用当地多元化的资本市场，享受由500多家当地或外国金融机构提供的优质金融服务。此外，新加坡还有超过4500家企业提供各类专业服务，包括审计、会计和管理咨询、市场调研、广告和公共关系、人力资本服务及法律服务。对于知识密集型产业，新加坡政府推出了健全的知识产权制度，其强有力的国内监管框架是吸引大量外国科技企业来新加坡发展的重要原因之一。

三、项目突出亮点和特点

（一）贴近自然的设计理念

绿洲台项目紧邻获得国际生态奖的榜鹅水道公园。为此，建筑师考虑将公园的绿意延伸到建筑，扩展到社区。折中的斜坡梯田设计是最完美的方案。花园露台的独特形式与榜鹅水道相连，将水道的景观深深地延伸到了项目，使人们能够在综合诊所和街区购物中心附近体验大自然，领略到无限的绿意。坡度建筑不仅起到了延伸了公园到社区中心的作用，还作为一个园艺项目，将居民聚集在一起种植、维护和养护，成为连接社区的纽带。坡道花园的下部空间还带来更多的使用场所，上面的绿植作为屋顶也对下面的建筑空间起到了降温节能的作用。

（二）正向施工与逆向施工相结合

施工场地四周都分别临近水道生态公园、轻轨站及轨道，以及居民组屋楼。项目在施工期间既要考虑到施工对公园的影响，又要考虑到施工吊举对轻轨运行的影响。项目团队采取传统从建筑物最底层开始逐层向上建的正向施工与逆向施工相结合的方式，克服场地限制，并将施工期间对周边环境影响减到最小。逆向施工又称逆作法施工则是在桩基础和支护结构完成后，先建造建筑物的某一层再向下逐层施工直至最底层。

四、项目经验及启示

中建南洋公司自创立以来，一直坚持全方位融入当地经济社会的属地化发展之路。三十年传承创新，中建南洋公司积极助力新加坡政府倡导的建筑业转型蓝图，在创新业务领域进行多方面探索，助推公司持续提高生产效率。公司始终紧盯行业技术应用前沿，提升建筑工业化程度和水平，精简用工，减少现场作业工序；公司保持敏锐行业嗅觉，持续推动数字化建造，采用 BIM 和虚拟建造技术来增强施工的精确度，探索智慧工地建设，提高管理效率；公司响应"双碳"要求，探索绿色低碳产业方向，使用新型建筑材料，增强产学研互动创新技术研究等。在新加坡这个开放的国际化平台，公司深度参与全球竞争，收获的不仅是经济效益，更是全新的国际化思维，是客户优先、价值创造的市场理念，是开创、拼搏、坚守的价值追求，塑强了企业的精神气质。

一是开展属地化建设，完善项目供应链。中建南洋公司深耕当地市场，加强自有供应链建设。中国建筑与产业链各方建立了广泛而坚实的合作关系，充分了解客户需求，加强全方位品牌建设，提升经营发展质量。

二是整合属地资源，走好融合之路。中建南洋公司一直坚持全方位融入当地经济社会。目前公司员工本地化招聘率达 93%，新加坡籍员工人数占到 40%，还有来自马来西亚、菲律宾、缅甸、印度、孟加拉国等国家的员工。其中，很大一部分本地员工就任资深管理岗位。

三是推动高质量发展，打造绿色建造核心竞争力。中建南洋公司严格遵循新加坡绿色建筑相关法律法规，积极打造环境友好型新建筑生态，助力人与自然的和谐相处。在绿洲台项目实施中，积极践行绿色建造。公司积极打造绿色建筑，将绿色施工逐步融入施工工艺中，最大限度地减少资源消耗，消减污染物排放，不断降低施工对环境的影响，以低碳高效的运营模式提升绿色竞争力，推动企业经营与社会生态环境和谐发展。

四是匠心打磨品质，提升品牌美誉度。中建南洋公司注重品牌建设，奉行质量精品战略。公司获颁54项新加坡建设局"建筑卓越奖"和16项新加坡建屋发展局最高奖"建筑奖"，2014—2021年连续八年获颁"品质卓越建筑商奖"，公司累计获得来自新加坡政府和有关机构颁奖200余项，在助力新加坡智慧建造战略的同时，收获了社会各界广泛认可和赞誉。

五是履行社会责任，践行央企使命担当。30年发展历程中，中建南洋公司全力发挥专业优势，在创新业务领域进行多方面探索，助推公司持续提高生产效率。公司始终紧盯行业技术应用前沿，提升建筑工业化程度和水平，精简用工，减少现场作业工序。公司保持敏锐行业嗅觉，持续推动数字化建造，探索智慧工地建设，提高管理效率。公司响应"双碳"要求，探索绿色低碳产业方向，使用新型建筑材料，增强产学研互动创新技术研究等。

（中国建筑集团有限公司供稿）

埃及新行政首都中央商务区项目的绿色智造实践

　　中国建筑股份有限公司埃及分公司（简称"中建埃及"）承建的埃及新行政首都中央商务区项目位于埃及开罗以东约50公里的一片沙漠中，正在成为一座现代化新城。2016年1月21日，两国元首共同见证了埃及新首都项目建设一揽子框架合同的签署。

　　中建埃及抢抓共建"一带一路"机遇，使项目成为迄今为止中资企业在埃及市场上承接的最大工程。在项目建设过程中，中建埃及把先进的建造技

图为项目全景设计图

术和设计理念带入埃及高端建筑市场，响应绿色环保、节能减排的倡导，实现建筑绿色化和智能化发展，深化了中埃在绿色能源领域的合作，增进了中埃友谊。项目被埃及总统塞西誉为"埃及未来发展的火车头"。

一、项目概况

2016 年 1 月 21 日，在两国元首的共同见证下，中国建筑与埃及住房、公用事业和城市社区部（简称"埃及住房部"）共同签署了埃及新首都项目建设一揽子框架合同。在此基础上，经与埃方一年多的友好协商，双方就项目的具体实施达成共识。2017 年 10 月 11 日，中国建筑与埃及住房部下属的埃及新城开发局签署了埃及新首都中央商务区项目的主协议。2018 年 5 月 2 日，埃及新首都中央商务区项目正式开工。截至 2022 年 5 月底，项目最后一座高层建筑封顶，标志着该项目 20 个单体工程主体结构施工全部，完成全面进入装修和机电安装阶段，向最后的竣工冲刺阶段。

二、项目所在国营商环境

中埃建交 60 多年来，无论国际风云如何变幻，中埃两国始终守望相助，风雨同舟。自 2016 年 1 月两国签署《关于共同推进丝绸之路经济带和 21 世纪海上丝绸之路建设的谅解备忘录》以来，中国已连续数年成为埃及最大贸易伙伴。

埃及是中东人口最多的国家，也是非洲人口第二大国、非洲第三大经济体，在经济、科技领域方面长期处于非洲领先地位。据埃及中央公共动员与统计局（CAPMAS）数据，截至 2021 年 5 月，埃及人口超过 1 亿，人口增长率为 2.3%，约有 96% 的人口居住在尼罗河谷和三角洲地区，其中首都开罗市的人口密度高达每平方公里 2 万人，同时也是世界上最拥堵的城市之一。埃及政府近年来持续加大房屋建筑和基础设施建设投入力度，使其成了中东北非地区热点建筑市场之一，市场潜力巨大。

总体来看，埃及政局稳定、经济增长的态势不会发生根本性变化。在国际货币基金组织、世界银行等国际组织和美国、欧盟、中国等全球主要经济体的普遍支持下，埃及经济发展前景可期。

三、项目突出亮点

埃及新首都中央商务区项目建成后将容纳 500 万居民，解决 175 万长期工作岗位，成为埃及新的政治中心和金融中心，有力带动苏伊士运河经济带和红海经济带开发，被埃及总统塞西誉为新首都建设的"旗舰项目"。

一是刷新中东和非洲建筑史上浇筑超大型基础筏板的最快纪录。2019 年 2 月 26 日，在埃及总理穆斯塔法·马德布利的见证下，经过 38 小时的施工，标志塔一次性完成 1.85 万方混凝土基础筏板浇筑，一举刷新中东和非洲建筑史上浇筑超大型基础筏板的最快纪录。

二是"四天一层"和"三天一层"，创造埃及施工新速度。标志塔核心筒共计施工 808 天，核心筒和钢结构施工分别实现"四天一层"和"三天一层"的施工速度，创造了埃及施工新速度。

三是推动中国智造加速参与共建"一带一路"。中国企业将智能城市建设理念带到埃及。埃及新行政首都 CBD 项目 P2&P6 标段 D01 住宅楼，高 196 米，是非洲住宅第一高楼，以先进的设计理念引领埃及高端住宅市场的发展，是真正的绿色智能化建筑。路灯路牌采用自动化控制，生活垃圾实现自动化处理等；配备智能控制系统，将安防、火灾报警、楼宇控制系统等子系统汇入中央控制中心进行统一智能管理……D01 住宅楼将全自动、智能化融入每一个细节。

四是践行绿色低碳理念。在新首都 CBD 项目施工现场，处处都能看见绿色施工与节能环保的细节——修建中水处理站，日处理污水约 400 立方米，同时将净化后的水用于绿化、除尘等，提升用水效率；将太阳能转化为电能，用于场区照明及生活水加热，部分取代了发电机；主道路安装 60 瓦 LED 太阳能路灯 103 盏，每年能够节省用电成本 17 万埃镑以上；循环使用铝制模板，应用环保幕墙材料，使用自密实混凝土等环保技术，发挥环保节能优势，提高资源利用率……中国建筑因地制宜，通过各种绿色施工措施，促进人与自然和谐共生，与埃及人民共建美好绿色家园。

四、项目经验及启示

埃及新首都中央商务区项目的成功承建，进一步巩固了中建在海外大体量群体建筑和超高层建筑领域的经营优势，是中国承包商在"一带一路"沿线市场中取得的又一重大经营成果。

一是推动中国建造走出国门。项目的顺利履约带动了我国建筑产品、设备、技术与人员的输出，尤其是超大体量的项目需求，对我国建筑上下游相关产业链起到拉动作用，为中国建造走出国门、走向世界树立了良好的行业标杆。

二是注重培养各类职业人才。中国建筑围绕埃及建筑产业发展的人才需求，聚焦埃及员工实现职业发展的需要，秉持"专业化、职业化、国际化"的人才战略，转变人才培育观念，整合培训资源，建设匹配发展战略、满足职位能力需求的员工培训体系，尊重人才成长规律，畅通各类人才职业发展通道，为员工实现个人价值搭建动态开放的舞台。

三是促进中埃两国技术交流。项目团队积极落实《中埃产能合作框架协议》，与当地 300 多家企业合作，促进上万名劳动力就业。持续发挥产业链优势，积极分享成熟工艺、技术成果，带动当地产业结构升级。团队在埃及开设了中国境外首所"鲁班学院"，面向埃及青年员工开展技术交流和培训，为员工实现个人价值搭建动态开放的舞台。项目团队与当地 10 余所高校保持良好合作，首次探索实施埃及高校实习生培养计划，参与并完成第一批104名埃及大学生实习实训任务。

四是推动中国经验成功输出。当地分包及工人无超高层项目的施工经验，对超高层施工的工艺和流程并不熟悉。中国建筑在国内外施工了很多超高层建筑，积累了丰富的超高层群体施工经验，项目的管理团队有着较高的技术和管理水平，可以有效应对项目施工过程中遇到的各种实施和技术难题，保证项目高质量、高水平的完成履约。

（中国建筑集团有限公司供稿）

2

第二部分 ⇒

能源合作篇

"中国－中亚"天然气管道项目
打造能源互联互通典范

作为联通中亚多国与中国的重要跨境能源通道,"中国－中亚"天然气管道 ABC 三线并行,始于土乌边境,途经土库曼斯坦、乌兹别克斯坦、哈萨克斯坦三国,到达新疆霍尔果斯,与我国的西气东输管道相连接。中国石油集团公司(简称"中国石油")围绕"中方有效掌控"和"全线输气能力保障"的核心利益,提出"分段分国建设和运营"模式,创建"四国多方跨国运行协调机制",打造跨多国管道运行协调平台,对各方利益进行协调统一,实施多层级、多维度安全风险管理,保障跨多国管道安全运行。

项目的建设与运营,符合中国及管道沿线国家的利益,推动中亚各国天然气开发利用水平的提升,有效促进了项目沿线国家的经济社会发展,为沿线国家带来近万个就业机会。同时,项目对于提高中国和沿线国家使用清洁能源的比重,促进节能减排,减少温室气体排放,保护地球生态环境,也发挥了巨大作用。

一、项目概况

"中国－中亚"天然气管道是中国第一条跨多国长输天然气管道,始于土乌边境,途经土库曼斯坦、乌兹别克斯坦、哈萨克斯坦三国,止于新疆霍尔果斯口岸。管道 ABC 三线并行敷设,单线长 1833 公里。项目于 2007 年启

图为"中国－中亚"天然气管道 ABC 线走向示意图

动建设，2012 年 10 月 AB 线建成 300 亿立方米 / 年输气能力，2017 年 12 月 C 线建成 250 亿立方米 / 年输气能力。

项目执行主体为中石油中亚天然气管道有限公司和乌兹别克斯坦国家石油控股公司成立的中乌合资公司，以及与哈萨克斯坦国家石油天然气股份公司的下属公司成立的中哈合资公司，股权比例均为 50：50。项目管理回避了项目初期跨多国协调谈判的矛盾，采用"分国分段建设与运营"模式，各方充分沟通和交流，建立起"土－乌－哈－中"四国多方跨国协调机制，给中亚天然气管道提供了"目标统一、责任共担、协调有力、合作共赢"的运营环境。

中亚天然气管道是中国首条从陆路引进的天然气跨国能源通道，对我国能源保供发挥重要作用。截至 2022 年底，已累计向国内输送天然气超过 4200 亿立方米，惠及 25 个省、市、自治区近 5 亿人口，被时任国务院总理李克强称为"最大的民生工程"。

二、项目所在国营商环境

（一）哈萨克斯坦

中国是哈萨克斯坦最主要的贸易和投资伙伴之一，双方合作潜力巨大、空间广阔。1992 年两国建交以来，两国高层交往频繁，政治高度互信，双方建立了永久全面战略伙伴关系。政治环境方面，哈萨克斯坦政体实行超级总统制，目前正在进行全面改革。总体来看，哈萨克斯坦短期内出现动荡的可能性较小。市场准入方面，哈萨克斯坦投资环境较为宽松，《投资法》并未明确禁止外资进入特定领域，仅对涉及国家安全的部分行业进行限制。土地获得方面，哈萨克斯坦土地分为国有和私有两种，外国人和外国法人可以在哈萨克斯坦租赁土地，但不得转让和买卖土地。外汇管制方面，哈萨克斯坦实施坚戈自由浮动汇率。哈萨克斯坦经常项目和资本项目均实行有条件的可自由兑换。投资优惠政策方面，哈萨克斯坦法律规定，若外资企业要获得优惠，必须在哈境内注册法人并投资特定项目，可获得如下优惠：进口的技术设备的备件以及原材料最多可免征 5 年关税；允许临时无偿使用属于哈萨克斯坦国家的财产或土地。

（二）土库曼斯坦

中国连续 10 年保持土库曼斯坦第一大贸易伙伴，双方合作潜力巨大、空间广阔。中土建交 30 年来，两国高层互访频繁，两国关系健康稳定发展。2023 年 1 月，中土关系提升为全面战略伙伴关系。政治环境方面，土库曼斯坦实行立法、行政和司法三权分立的总统共和制，总统兼任国家元首、政府首脑、武装力量总司令和议会人民委员会主席，拥有"至高无上"的权力。短期内，土库曼斯坦出现政局动荡的可能性较小。市场准入方面，土库曼斯坦对部分行业（业务）的投资实行许可证管理制度，鼓励外国投资者投资矿产资源开采和加工、化工、交通基础设施建设、电子工业、旅游业等领域。土地获得方面，在土库曼斯坦，大部分土地归国家所有，外国自然人和法人在与土地管理部门签订租赁合同且获得内阁批准的情况下，可租赁非农业用地，租赁期限最长为 40 年，且租赁土地只能用于工程建设和其他非农业建设项目、临时工程设施。外汇管制方面，土库曼斯坦汇率受政府干预，没有实现自由浮动的汇率体系，承受外部经济震荡的能力较弱。投资优惠政策方面，《外国投资法》规定了外国投资者在其境内可享受的一系列优惠措施，主要包括税收优惠、关税减免、进出口便利等。此外，土库曼斯坦政府对入住自由经济区的外国企业也给予一定的投资优惠。

（三）乌兹别克斯坦

中国已成为乌兹别克斯坦第一大贸易伙伴国和主要投资来源国，双方合作潜力巨大、空间广阔。中乌建交 30 年来，两国关系发展顺利，2016 年建立全面战略伙伴关系。政治环境方面，乌兹别克斯坦坦实行总统共和制，立法，行政和司法三权分立。短期内，乌兹别克斯坦出现政局动荡的可能性较小。市场准入方面，2018 年以来，乌兹别克斯坦加大引资力度，对外资进入相关行业的限制逐步减少。在电力、石油、天然气领域的上游发电和油气开发对外资开放，但对能源及重点矿产品（如铀）开发等领域有股权限制，外资所占股份一般不超过 50%。土地获得方面，外国投资者可通过签订合同的方式取得土地使用权，使用土地的法人或组织应按照合同向土地所有者支付费用。外汇管制方面，乌兹别克斯坦自 2017 年 9 月 5 日起取消外汇兑换管制政策，允许所有自然人和法人兑换。目前，企业凭进口合同可兑换外汇，自然人暂无法在当地银行使用苏姆换取外汇现金。投资优惠政策方面，乌兹别克斯坦对外国投资者主要实行税收和土地使用优惠政策。税收优惠政策主要包括外国投资者所实施的私人直接投资无须乌兹别克斯坦提供担保。土地使用优惠政策主要包括为实施投资项目而长期租赁非农业用地，期限最长可为50 年。此外，参与自由经济区的企业免缴土地税、所得税、法人财产税、社会基础设施改善和发展税、微型企业和小型企业的单一税款。

三、项目突出亮点和特点

（一）是践行"一带一路"互联互通的最佳实践

"中国－中亚"天然气管道项目是一项具有重大战略意义的工程。作为保障我国能源安全的四大战略能源通道之一，项目已累计向国内输送天然气超过 4200 亿立方米，惠及 27 个省、市、自治区近 3 亿人。项目关系到多国跨国合作，将中亚资源国、过境国和中国市场紧密连接在一起，促进了中亚地区天然气出口多元化，实现了我国与中亚国家能源基础设施互相联通和优势互补、战略共赢、价值共创、利益共享，有效践行了我国"一带一路"发展战略和发展理念。

（二）为中资企业"走出去"提供经验借鉴

中国石油在"中国－中亚"天然气管道项目投资与建设过程中因地制宜，运用全球化视野与科学管理手段，实现了项目治理机制、管理模式、制度安排等多方面的突破与创新，在中亚推广并运用了国内先进方法、标准和规范，推动了管材、焊接和检测等技术标准的对接、互认和兼容。

（三）是中国碳达峰、碳中和进程的重要助力

"中国－中亚"天然气管道项目作为我国天然气供应的重要渠道，提高了中国清洁能源的使用比重，自投产以来累计向国内供气量可替代煤炭 5.05 亿吨，减排二氧化碳 5.39 亿吨、二氧化硫 835.67 万吨，对促进节能减排、减少温室气体排放、保护生态环境发挥重要作用，有利于我国能源消费结构调整和气候治理能力提升。

（四）为国际能源合作互利共赢树立标杆

"中国－中亚"天然气管道项目增进了中国及管道沿线国家民生福祉，惠及中国 25 个省区市和香港特别行政区的 5 亿多人口，也帮助中亚各国提升了天然气开发利用水平，实现了油气资源在市场体制中多元发展。项目有效促进了沿线国的经济社会发展，管道运营期内将为其创造数百亿美元的税费

收入和近万个就业机会，实现了中国与中亚国家的能源互联互通、优势互补、战略共赢、价值共创和利益共享。

四、项目经验及启示

（一）坚持共商共建共享，打造利益共同体

中国石油坚持将"人类命运共同体"和"共商共建共享"的理念落实到该项目建设和运营中。公司采用"分段分国建设和运营"模式，创建"四国多方跨国运行协调机制"，打造由多个法律主体参与的跨多国管道运行协调平台，实施多层级、多维度安全风险管理，保障跨多国管道安全运行，回避了中亚各国敏感关系可能给项目带来的影响。

（二）发挥整体优势，保障项目平稳有序推进

项目在建设时期内，充分发挥中国石油上中下游一体化优势、甲乙方一体化优势，有效形成工作合力，切实推进工程进度，确保了工程质量。进入运营期后，公司各类业务高质量开展，得到中国石油所属专业单位的支持和协作，与相关企业之间建立了长期合作关系，成为保障国际管道安全平稳运营不可或缺的重要支持力量。

（三）重视队伍建设，锻造国际化经营能力

项目建设过程中，打造一支忠诚担当、敬业专业、干净奉献的优秀队伍。具有国际视野、精通专业、精通商务法律又懂外语的高素质人才，以及在国际化运营中融合形成的独特企业文化，成为跨国经营管理的宝贵财富。

（中国石油天然气集团有限公司供稿）

阿加德姆上下游一体化项目
助力尼日尔建立石油工业体系

　　阿加德姆石油上下游一体化项目是中尼合作共赢发展、共同进步成长的典范工程，对促进尼日尔当地经济社会发展、提高人民生活水平具有重要意义。项目秉承互利共赢、共同发展的原则，不仅帮助尼日尔建立起了上下游一体化、技术先进、规模配套的现代化石油工业体系，实现了石油自给自足，更助推当地形成了较为完备的环境保护与公益发展系统架构，产生了良好的社会效益。

图为阿加德姆上下游一体化项目

一、项目概况

阿加德姆区块位于尼日尔东南部，首都尼亚美以东1400公里，中北部油气并存，南部以油为主。阿加德姆区块自1974年开始勘探，截至中方介入时，区块内已发现油气田7个，待发现远景资源量超过60亿桶。由于地处沙漠，作业难度大，加之油价低、运输距离长等原因，阿加德姆区块一直未得到有效开发。

2008年6月2日，中国石油与尼日尔政府正式签署了阿加德姆区块石油产品分成协议。

2009年6月炼厂开建，2011年11月投产，达产期为3年，第一年到第三年的达产率分别为70%、80%、和90%，第4年产量达到设计生产能力。项目已从2012年1月1日正式由工程建设期转入生产运营期。

2011年10月一期100万吨油田产能工程及炼厂管道全面建成投产。2012年全年原油作业产量63万吨。

2021年10月，二期油田地面工程建设全面启动，计划2023年底建成投产。

二、项目所在国营商环境

近年来，尼日尔政府一直积极致力于改善投资环境，吸引外资，取得一定成效。根据世界银行公布的《2020年营商环境报告》，尼日尔的营商便利化程度在190个参评的经济体中，综合排名居第132位。

（一）在尼日尔投资的有利因素

能矿资源丰富。据尼日尔政府公布数据，尼日尔已探明铀储量45万吨，石油11.8亿桶，天然气186亿立方米，磷酸盐12.54亿吨，煤炭9000万吨，水电286兆瓦。此外，还有金、银、铂、锰、钨等矿产资源。上述能矿资源除铀矿和石油外，基本处于待开发状态，投资潜力较大。

民众对华友好。中方对尼日尔提供的援助以及中资企业在尼日尔投资、承包工程为尼日尔百姓带来实实在在的好处，为中国在尼日尔民众中积累了良好的口碑，打下了牢固的民意基础。

随着尼日尔石油得到开发，世界银行、国际货币基金组织、伊斯兰开发银行、非洲开发银行等金融机构不断增加对尼日尔贷款，尼日尔融资能力明显增强。

政府重视营商环境的改善。尼日尔政府成立了专门的营商环境指标提升机构，重新运行了"国家私人投资者委员会"，作为政府与私营部门进行协商对话的平台，尼日尔整体营商环境有望得到进一步改善。

未来发展空间大。水、电、公路、铁路、航空、旅游等领域基础设施有待发展，为中国制造、中国装备、中国标准提供了良好的市场机遇和广阔的合作前景。

（二）在尼日尔投资的不利因素

尼日尔经济基础薄弱、经济结构单一的现状在短期内难以改变，在尼日尔投资的不利因素也较多。

市场容量有限。尼日尔约有2525万人，其中43%为贫困人口。在2021年联合国人类发展指数排名中，尼日尔在189个参评国家和地区中列最后一位。经济社会发展水平低，2021年人均国内生产总值590美元，民众购买力较低。

投资成本较高。尼日尔的资源储量基本都在北部及东部沙漠地带，气候条件恶劣，沙漠化严重，沙漠里高温季节温度高达50℃以上，严重缺水、缺电，基础设施薄弱，交通不便。货物运输经常要靠大型运输车辆，运输成本高，给项目运作带来诸多困难。

缺少熟练劳动力。尼日尔教育普及程度不高，成人识字率不及总人口的三分之一，缺少有一定劳动技能的工人。

三、项目突出亮点和特点

（一）确保生产与生态环境和谐发展

多年来，中方积极参与尼日尔石油产业发展，实现了尼日尔石油工业的一体化，先后完成了上游地面设施、津德尔炼厂以及管道的建设工作。在开展生产建设的同时，中方积极与油田周边社区开展环境保护评估工作，将油田生产、管道运输对环境的影响降到最低。在二期工程建设中，项目融入以发展新能源为核心的绿色可持续发展理念，建立太阳能电站，并积极探索太阳能技术在石油上游和管道工程领域的应用。针对当地沙漠化严重、水资源短缺等问题，中方编制了长期植树造林计划，目前已累计植树10多万棵，存活率达到80%。

（二）积极推进用工及人才本地化

截至目前，阿加德姆上下游一体化项目已为当地累计提供超过1.2万个直接就业岗位，尼日尔籍员工参加岗位和技能培训累计10.5万余次，累计岗位技能培训3000多人次，有效缓解了当地的就业问题。尼日尔二期上游油田建设、外输管道和炼油厂三个项目整体员工本地化率达80%，以产业链形式带动当地企业、承包商、服务商、油品经销商的发展。项目还通过与尼日尔石油部合作，为尼亚美大学、津德尔大学、私立学院以及在国外留学的尼日尔学生提供实习机会，并通过在当地大学设立奖学金、合作开展培训等方式，积极促进当地人才培养与产业链形成有效衔接，为尼日尔培养了大批石油工业人才，助推当地石油行业健康有机发展。

（三）积极参与公益事业，助力改善当地民生

阿加德姆石油上下游一体化项目积极参加各项社会公益事业，在教育、医疗、健康、民生和环保等领域开展各项捐赠和援建活动，对改善当地社会发展水平，提升抗风险能力，增进中尼传统友谊起到了积极的推动作用。

截至目前，尼日尔炼厂累计向当地基金会捐赠2000万西法，投入共计约

1 亿西法为周边社区捐建了 11 间教室，极大丰富了津德尔地区的教育硬件资源；坚持为孤儿院等社会福利机构捐赠食物等生活必需品，在疫情期间送医问药，实现医疗转运约 200 次、援建诊所 7 间、捐赠救护车 2 辆，改善了当地的医疗条件。

四、项目经验及启示

（一）开展充分调研

任何投资和项目走出去，都要做好充分调研。项目方需对资源国的政治、经济、文化、教育、科技、法律、税务等方面作出充分的调查研究，并建立专业、全面、长远的绩效评估和风险管理机制，完善项目退出机制。

（二）坚持市场导向

项目建设要按照经济规律、市场规律、商业规律来办事。海外炼厂原油主要为资源国上游油田，产品也主要面向当地市场，当原油性质发生变化或当地市场出现波动时，需要做好适应性优化运行。

（三）重视本地化发展

企业扎根当地后，要精耕细作，充分考虑吸纳当地就业，注重培养当地人才，对项目所在国不仅"输血"还要"造血"。企业要建立起"授人以鱼不如授人以渔"的人才培养模式，逐渐在当地生根发芽、开花结果，与当地政府、企业和民众形成命运共同体、发展共同体和安全共同体。

（中国石油天然气集团有限公司供稿）

沙特延布炼厂：
高质量产能合作的样板项目

中国石化集团与沙特国家石油公司合资设立的沙特延布炼厂，总投资额超过 80 亿美元，是中国在沙特最大的投资项目，也是中国石化首个海外炼化项目。

延布炼厂项目符合沙特经济优化升级、能源产业升级的国家发展战略，也契合共建"一带一路"倡议下开展互利合作的发展思路。经过多年发展，延布炼厂已逐步形成以资本为纽带、以技术为牵引、以管理为支撑的国际化管理模式，生产运行水平达到世界领先，成为我国石化产业"走出去"的样板项目。

一、项目概况

（一）项目基本情况

近年来，中国石化全面践行战略引领、价值创造、资源驱动、市场导向、协同发展、能力匹配的新国际化经营战略，与共建"一带一路"国家在油气勘探开发、石油和炼化工程服务等多个领域开展互利合作。沙特阿美中国石化延布炼厂（简称"延布炼厂"）就是其中的典型代表。

延布炼厂由中国石化与沙特国家石油公司合资设立，总投资额超过 80 亿美元，是中国在沙特最大的投资项目，也是中国石化首个海外炼化项目。该项目占地 520 万平方米，拥有 2000 万吨／年常减压蒸馏装置、660 万吨／年加氢裂化装置、830 万吨 / 年柴油加氢装置（双系列）、45 万吨 / 年硫黄回收装置等全球领先的炼化设施，设计加工能力达到 40 万桶原油 / 日（合 2000 万吨 / 年），是世界最大的炼油厂之一，生产运行达到世界领先水平。2016 年 1 月，中沙两国元首共同出席了延布炼厂投产启动仪式，对项目实施予以高度评价。延布炼厂已经成为我国石化产业"走出去"的样板项目。

（二）项目推进情况

共建"一带一路"倡议提出以来，中国石化抢抓机遇，不断将优势资源带出国内，为企业建立海外优良资产，优化投资结构提供了重要支撑，在持续扩大国际化经营内涵的过程中，在全球构建起油气、炼化、工程服务、国际贸易四大业务链条，企业累计在全球 66 个国家和地区开展 277 个项目，成为央企"走出去"开展国际能源合作的重要力量。

"牵手"沙特阿美是中国石化创新海外合作模式、转移优势产能的共赢之举。2012 年初，延布炼厂项目签订合资协议；2014 年 10 月，项目主体及配套设施基本建成投运；2015 年 1 月，首船柴油产品出厂，进入试生产和商

图为延布炼厂

业运营阶段，10 月实现满负荷运行；2016 年 1 月，正式投产运营。

延布炼厂的建设和运营创造了中东地区工艺先进、投资省、工期短、质量优、安全好的优秀业绩。该项目获得了普氏全球能源"2015 年度建设项目奖"，荣获了海湾地区最高建设项目荣誉奖——2016 年度"油气项目奖"和 2016 年度"大型项目奖"。

2015 年以来，延布炼厂装置一直维持满负荷运行，最大加工能力达到 43 万桶 / 日；装置开工率、操作完好率等指标在所罗门绩效评价中，位于中东、欧洲和亚太三大地区第一群组。2022 年，延布炼厂累计加工原油 2114.91 万吨，生产汽柴油 1774.68 万吨，经营效益创历史最好水平。

2022 年 12 月，中国石化与沙特阿美、沙特基础工业公司签署合作谅解备忘录，拟在延布联合开发大型将液体原料转化成化工产品的项目，与延布炼厂实现协同优化。

二、项目所在国营商环境

自 2016 年 4 月《2030 愿景》发布以来，沙特政府致力于摆脱对石油的过度依赖，打造"活力社会""繁荣经济"和"雄心国家"，沙特社会日益开放，营商环境不断改善，经济多元化计划稳步实施。共建"一带一路"倡议和沙特"2030 愿景"的深入对接，为中沙经贸和企业间的合作共赢提供了良好的基础和广阔的前景。

（一）项目相关的外资投资法律政策分析

沙特对外资准入实行负面清单制度，对石油石化领域投资有严格规定。在原油投资领域，除沙特阿美外，至今尚未对其他公司开放；在炼油领域，国外资本在沙特国内投资需要当地政府批准，且投资只能通过与沙特阿美进行合资方式进行，且沙特阿美股份需占主导地位；在成品油零售业务领域，管控较为宽松，在保障沙特阿美唯一供应渠道的前提下允许私人及外资进入。

随着经济多元化发展的战略需要，沙特政府十分注重吸引外国投资，先后颁布了一系列优惠政策措施，为外商提供包括种类丰富的资金支持计划。特别是鼓励外国企业在化工、信息与通信技术、能源水利、工业制造、医疗健康与生命科学、采矿与金属、交通物流、文旅娱乐及房地产领域开展投资活动，希望借此促进沙特经济多元化和可持续发展。

（二）项目所在国市场环境分析

沙特是中东最大的经济体和消费市场，是世贸组织、石油输出国组织、二十国集团成员国，是海湾合作委员会和大阿拉伯贸易自由区的"领头羊"。沙特拥有连接亚洲、欧洲和非洲的战略地理位置，联通几乎所有阿拉伯半岛国家，在国际贸易中的地位至关重要。

石油工业是沙特国民经济命脉的支柱产业，油气资源储量规模世界前列，是国际原油市场与油价的主要引领者和影响者。沙特原油产量超过60%用于出口，出口锚定中国、日本、印度等全球主要市场。同时，沙特化工产业近年来发展迅速，基础化工品产业链完整，但精细化工品和特种化学品相对缺乏。由于地理位置优越且本土需求有限，沙特主要化工产品以出口为主，70%以上的产品销往全球各地。

从沙特国内市场竞争格局看，沙特阿美公司资金、技术、管理实力较强，垄断沙特境内上游、一家独大；在炼油环节，沙特阿美权益产能占比超过四分之三，处于绝对优势地位；在成品油零售环节，由于政府管控较为宽松，独立经营主体较多，市场份额分散。

（三）项目所在国人文环境分析

沙特主要民族为阿拉伯族，占比达90%，另有10%为非裔阿拉伯人。官方语言为阿拉伯语，第一外语为英语。作为政教合一的君主国，伊斯兰教是沙特国教，逊尼派占85%。从社会治安上看，沙特社会总体稳定。

三、项目亮点及收益分析

（一）项目亮点分析

作为我国在沙特最大的投资项目，经过多年发展，延布炼厂已逐步形成以资本为纽带、以技术为牵引、以管理为支撑的国际化管理模式，生产运行水平已达到世界领先，成为我国石化产业"走出去"的样板项目。

一是以资本为纽带，增强品牌全球影响力。立足延布炼厂，中国石化积极培育和发展汽柴油、石油焦、硫黄等炼油产品的海外市场，持续推进中沙双方在油气勘探、石油贸易、工程服务等领域合作，中沙能源活动不断深化。

二是以技术为牵引，生产运行稳居世界领先地位。充分发挥中国石化自身技术优势，先后委派多个专家组远赴延布现场，开展工程建设、装置开工、生产运行、评估审计等专业工作，提升全过程系统优化水平。除受极端因素影响外，2015 年以来装置一直维持满负荷运行，该项目的装置开工率、操作完好率等指标在所罗门绩效评价中，位于中东、欧洲和亚太三大地区第一群组。

三是以管理为支撑，综合竞争力持续提升。积极探索将石油石化传统融入延布炼厂管理体系，将成本、运行等方面的成功管理经验引入延布炼厂，与青岛炼化等同类先进企业进行对标分析，推动项目的盈利水平不断提升。

（二）项目收益分析

延布炼厂项目符合沙特经济优化升级、能源产业升级的国家发展战略，助力沙特实现 2030 年愿景目标。自 2016 年投产以来，生产运行达到世界领先水平，为当地直接或间接提供了 6000 余个工作岗位。该项目惠及当地民生，助力沙特经济转型升级，对实现沙特 2030 愿景中提出的发展工业、增加非石油收入和创造就业机会起到了示范作用。下一步，延布炼厂将进一步提升其炼油和化工能力，从而更大程度带动当地经济发展，助力沙特从资源输出国转型为资源深加工国，实现当地可持续发展。

中沙经贸合作蓬勃发展，双方不断深化多领域合作，扎实推进共建"一带一路"，在能源、基建、数字化等多个领域开展密切合作，延布炼厂项目契合共建"一带一路"倡议下开展互利合作的发展思路，是其中的典型代表。

四、项目经验及启示

（一）延布炼厂的合作成功的关键因素分析

延布炼厂是中沙双方在能源领域长期合作的新成果，也是中沙两国长期互惠互利合作关系的重要体现。双方合作成功有三点关键因素：

一是契合两国发展战略。2016 年，沙特发布"2030 愿景"，开启了从石油依赖走向多元化经济转型之路。引进先进技术、发展炼化产业有助于把沙特的原料优势转化为产业优势，实现产业结构转型升级。同时，中国积极推进"一带一路"国际合作，能源领域是重要合作领域，从传统能源到清洁能源，中沙能源合作具有巨大潜力。

二是建立广泛市场认可。中国石化扎根沙特 20 多年，先后参与设计建造多个大型项目，为沙特石油石化工业提供了高品质的工程技术、炼化工程服务，在当地收获了良好口碑，在沙特市场树立了中国石化品牌形象。

三是实现互补强强联合。沙特阿美公司是世界上最大的国有石油公司。中国石化凭借世界领先的炼油化工技术、装备和工程建设能力，与沙特阿美开展优势互补为基础的合作。在合作过程中，双方约定，炼厂董事长和总裁由大股东沙方出任；中方出任两名副总裁和计划部总经理，分管炼厂核心部门，如技术、工程等。

（二）推动"一带一路"高质量发展的启示

一是推动开展多元化合作。目前，新科技革命和产业变革方兴未艾，为共建"一带一路"高质量的发展提供了更多的动力，中方公司在共建"一带一一路"中可以着力拓展发展新机遇、探索合作新模式，在设施联通、产能合作、数字经济等领域不断取得新的合作成果。

二是搭建务实有效的服务平台。共建"一带一路"是一项系统工程，需要有关各方共同努力和积极参与，形成政府引导、企业主体、民间促进的立体格局，需要建立更加广泛的合作机制，拓展更加多元的交流渠道，为企业开展对话、对接项目以及寻求合作架起鹊桥，促成更多可视化的成果。

三是提升资金融通的支撑作用。资金融通是共建"一带一路"的重要支撑，金融机构在助力贸易投资主体拓宽资金来源的同时，可打造立体化的金融服务体系，以满足各类贸易投资主体日益增长的金融服务和风险管理需求。

（中国石化集团公司供稿）

从卡洛特水电站项目
看中国水电全链"走出去"

2022 年 6 月 29 日，由三峡集团投资建设的巴基斯坦卡洛特水电站项目（简称"项目"）举行投产发电仪式，标志着中巴经济走廊框架下首个水电投资项目全部机组顺利投产发电，全面投入商业运营。

项目位于巴基斯坦旁遮普省吉拉姆河流域，总投资约 17.4 亿美元，总装机 72 万千瓦，共安装 4 台单机容量 18 万千瓦的水轮机组，采用"建设 – 拥有 – 运营 – 移交"模式开发，运营期 30 年。项目实现了工期提前 54 天、成本节约近 1.78 亿美元的优异成绩。截至 2023 年 3 月 29 日零时，项目已累计向巴基斯坦输送清洁电力超 22 亿千瓦时。

在项目建设过程中，三峡集团充分发挥在带领中国水电"走出去"中的引领作用，整合设计、施工、装备与建设管理全产业链编队出海，创新管理，坚持绿色发展，积极履行企业社会责任，打造了一张中国水电标准走出去的新名片。

一、项目概况

（一）项目总体情况

三峡南亚公司是三峡集团下属二级单位三峡国际的子公司。作为三峡集团国际化战略实施中针对南亚地区的投资运营平台，三峡南亚公司承载着三峡集团实施"走出去"战略、打造世界一流清洁能源集团的重要使命，主要负责三峡集团在南亚地区的清洁能源投资开发。

三峡南亚公司卡洛特水电站项目位于巴基斯坦旁遮普省吉拉姆河流域，总投资约 17.4 亿美元，总装机 72 万千瓦，共安装 4 台单机容量 18 万千瓦的水轮机组，采用"建设－拥有－运营－移交"模式开发，运营期 30 年。

三峡南亚公司是项目业主方，中国进出口银行、国家开发银行、丝路基金以及世界银行旗下国际金融公司为项目提供贷款。该项目是中巴经济走廊框架下的首个水电投资项目，也是丝路基金成立后在海外投资的第一个项目，列入了《中巴关于建立全天候战略合作伙伴关系的联合声明》。

（二）建设运营情况

2015 年 4 月 20 日，中巴两国领导人共同启动卡洛特水电站项目动土仪式，标志项目破土动工。

2016 年 10 月 25 日，项目旁遮普省用水协议正式签署，至此，项目购电协议、联邦政府执行协议、克什米尔执行协议、克什米尔用水协议等五个特

图为卡洛特水电站 1 号机组转子成功吊装

许协议全部签署完毕。2016年12月，项目主体工程全面开工建设。2017年2月22日，巴基斯坦私营电力与基础设施委员会向卡洛特电力有限责任公司颁发融资关闭确认函，标志着项目正式实现融资关闭。

项目自动工以来，经历了重重挑战：地质条件复杂程度超预期，工程涉网设备审批难度大，公共安全风险持续提高，新冠疫情导致施工人员大幅流失、机电设备供货推迟、原材料供应短缺。

面对困难，项目团队始终强化党建引领、凝聚合力，迎难而上，在疫情最严峻的时候近600名中方建设者"逆行"赴巴，保障工程建设有序进行。面对2020年突如其来的新冠疫情，以及巴基斯坦疫情防控和公共安全的严峻形势，三峡南亚公司探索了适应境外工程建设的创新管理举措，摸索出一套卓有成效的疫情防控体系，做到"工作不乱、人心不散；科学防控、精准施策"，实现了稳在当地、稳住人心。

2021年5月2日上午，首台机组——1号机转子成功吊装。巴基斯坦总理和巴基斯坦中巴经济走廊管理局局长分别在个人社交媒体账号发帖为卡洛特水电站项目建设点赞。随着2号、3号、4号机转子的成功吊装，项目于2021年11月20日正式下闸蓄水。2021年12月，首台机组具备并网发电条件，2022年4月实现系统倒送电。

2022年6月29日零时起，项目全面投入商业运营，实现了工期提前54天、成本节约近1.78亿美元的优异成绩。截至2023年3月29日零时，项目已累计向巴基斯坦输送清洁电力超22亿千瓦时。

二、项目所在国营商环境

（一）经济形势及投资管理体制

巴基斯坦是经济快速增长的发展中国家之一，也是世界贸易组织、伊斯兰会议组织、上海合作组织和英联邦成员国等主要国际组织成员。近年受新冠疫情、自然灾害、能源危机等因素影响，经济流动性和外部脆弱性风险增加，经济整体出现下行。

巴基斯坦实行开放的外商投资管理体制，绝大多数行业均对外资开放，同时出台了包括《经济改革保护法》《外国私人投资（促进与保护）法》等多项有关外商投资以及外资并购的法律法规。投资委员会是巴基斯坦外商投资主管部门，通过制定《投资政策（2013）》、降低外商投资成本、简化投资流程等，进一步优化了外商投资环境。此外，巴基斯坦外汇管理制度主要有《外汇监管法案（1947）》《外汇手册》等，涉外法律法规较为完善。

（二）电力投资环境分析

为进一步吸引外商投资建设，帮助克服能源危机并促进国家工业化进程，巴基斯坦制定了 2015 年《财政法案》，对特定能源公司给予一定期限的所得税豁免优惠，如对在 2015 年 7 月 1 日之后开工的输变电工程项目豁免为期 10 年的所得税等。

巴基斯坦电力投资政策较为优惠透明，加上目前巨大的电力需求缺口，也使得电力行业成为巴基斯坦近几年吸引外商直接投资最多的行业。巴政府为吸引外国投资者进行电力投资，出台了《电监会法令》《国家电力投资政策》《私人电力投资电价确定导则》等政策分担投资者风险，提供政府担保和法律税收风险担保、税收豁免、水利／水文风险转移等优惠政策，其中免除私人投资电力项目的所得税、营业税和预扣税，设备关税为 5% 等税收政策可以为投资者节省大额投资费用。巴政府还允许私人投资电力项目采取"成本＋回报"的原则进行电价核定，最大限度保障投资者合理收益，目前可再生能源项目允许的最大收益率为 17%。

三、项目突出亮点和特点

在卡洛特水电站投资建设进程中，三峡集团严格遵守国际通行规则，始终把质量安全放在首位，精心组织工程建设，克服新冠疫情持续蔓延、巴境内非传统安全事件频发等风险挑战，努力实现经济效益、社会效益和生态效益有机统一，着力打造"一带一路"能源项目新标杆。

（一）编队出海，打造中国标准走出去的示范工程

在项目建设过程中，三峡集团充分发挥在带领中国水电"走出去"中的引领作用，整合国机集团、中国电建、中国能建、长江勘测规划设计研究院等设计、施工、装备与建设管理全产业链编队出海，使卡洛特水电站成为巴基斯坦首个完全使用中国技术和中国标准建设的水电投资项目，成为在海外推广使用中国水电标准的新名片。

（二）创新管理，打造探索中国经验的标志工程

在项目建设和开发过程中，三峡集团始终遵循治理透明、诚信合规原则，引入国际金融公司和丝路基金作为战略投资者，并将其环境和社会（E&S）管理先进经验融入项目建设全过程和各方面，在机构保障、计划制定、合规审查、审计监管等方面构建了一整套完善的国际化 E&S 管理体系，对我国企业提升海外工程环境和社会管理能力具有重要借鉴意义。

（三）绿色发展，打造践行中国理念的美丽工程

将生态优先、绿色发展理念贯穿工程建设全过程，投资 1.5 亿元量身打造卡洛特水电站环境保护专项规划，仅生产废（污）水一项就采用多项世界一流的环保设备和措施。电站投产发电后，年均发电量约 32 亿千瓦时，预计每年将节约标准煤约 140 万吨，减少二氧化碳排放 350 万吨，可满足当地约 500 万人口的用电需求，助力巴基斯坦能源低碳转型和结构优化。

（四）履行责任，打造传递中国温暖的民生工程

项目累计为当地提供就业岗位约 6000 个，直接或间接带动近万人就业。项目投资近 700 万美元，援建一批学校、医院、公路、公园、供水等公共基础设施。联合中巴两国高校实施移民奖学金计划，累计安排 33 名巴基斯坦学

生赴华学习，入选第二届"全球减贫案例"。2022 年荣获巴基斯坦电力监管局"企业社会责任坚定履行者"奖项。

（五）狠抓防控，打造彰显中国担当的标杆工程

项目成立了防疫与应急领导小组，抓实抓细医疗救治、公共关系、后勤保障、隔离督导、现场维稳、外部联系等各项工作，经受住了巴基斯坦 4 波疫情冲击，保障了全体建设者生命安全和身体健康。同时，通过派遣医疗队及援助医疗物资等方式，大力支持巴基斯坦抗击疫情。2021 年 10 月，三峡南亚公司被中国驻巴基斯坦大使馆评为落实"双稳"工作先进单位和抗疫防疫公共外交先进单位。

四、项目经验及启示

一是在"一带一路"项目开发建设过程中，鼓励中资企业"编队出海"，整合各方优势，推动中国标准"走出去"并被认可和推广。

二是创新管理理念，强化企业合规管理水平，特别是注重提升海外工程环境和社会管理能力，主动对接国际主流合规管理实践，深化合规风险排查预警，加强对相关国际规则的研究，持续跟踪境内外监管政策变化，加强合规文化建设，践行合规经营价值理念，强化全员合规意识，增强企业自身合规"软实力"。

三是积极履行社会责任，传递中国温暖。项目开发建设过程中，可结合所在地实际情况，通过为当地提供就业岗位、援建公共基础设施、设置移民奖学金等形式，积极履行企业社会责任，让当地民众感受"一带一路"建设带来的利好，展现负责任的中资企业形象。

（中国长江三峡集团有限公司供稿）

默拉直流输电工程
为巴基斯坦发展添动力

巴基斯坦默蒂亚里－拉合尔 ±660 千伏直流输电工程（简称"默拉直流输电工程"）是中巴经济走廊项下的优先实施项目、唯一电网项目。工程由国家电网有限公司（简称"国家电网"）所属中国电力技术装备有限公司负责按投建营一体化模式运作，是国家电网拥有自主知识产权的 ±660 千伏直流输电技术方案在国际上的首次应用。

默拉直流输电工程于 2021 年 6 月 25 日启动送电，为当地 2317 万人口提供稳定、优质电力保障。截至 2023 年 8 月，工程已累计输送电量 310 亿千瓦时，实现了电力资源"远距离、大容量、低损耗"输送，促进了巴基斯坦电力工业跨越升级，提高了巴基斯坦电网基础设施水平，有力服务了巴基斯坦经济社会发展。同时，带动了中国输电技术"投资、建设、运营"和"技术、装备、标准"全产业链、全价值链一体化"走出去"，实现了中巴双方的互利共赢。

一、项目概况

（一）背景介绍

巴基斯坦东北部与中国接壤，南北地理位置狭长。巴基斯坦境内能源分布不均，在建和规划中的电源主要集中在南部靠近阿拉伯海沿岸，工业负荷主要集中在中北部地区，伊斯兰堡地区及所属旁遮普省是全国的负荷中心，用电负荷占到全国的 60% 左右，使远距离输电成为必然。默拉直流工程投运之前，巴基斯坦全国最高电压等级 500kV，电网结构较为薄弱且缺少系统规划，南部电力相对富裕的信德省仅通过二回 500kV 输电通道向中部的旁遮普省送电，难以满足用电需求，停电成为普遍现象。默拉直流项目正是为促进巴基斯坦南部电源基地开发，满足拉合尔地区及巴基斯坦中北部用电负荷增长需求，提高电网输送容量和资源调配能力而规划建设的。

中巴经济走廊项目中，瓜达尔港、能源、交通基础设施和产业合作是重点。根据两国政府间规划，中巴双方在走廊沿线开展重大项目、基础设施、能源资源、农业水利、信息通信等多个领域的合作，创立更多工业园区和自贸区。针对"中巴经济走廊"项目，两国政府也在审批、金融、安保等方面予以更多优惠政策。以此为契机，2014 年 11 月 8 日，两国政府签署《关于中巴经济走廊能源项目的合作协议》，默拉直流项目是优先实施项目之一。

（二）进展情况

2015 年 4 月 20 日，国家电网与巴基斯坦水电部、巴基斯坦国家输电公

图为默拉直流输电输电线路跨越沙漠地带

司签署《默蒂亚里－拉合尔和默蒂亚里/卡西姆港－费萨拉巴德输变电项目合作协议》，确定中电装备公司以BOOT（Build-Owned-Operation-Transfer，建造－拥有－运营－移交）模式开发和建设以上直流项目。

默拉直流输电工程位于巴基斯坦旁遮普省和信德省，总投资约17亿美元，包括两座±660kV直流换流站、886公里直流输电线路及相关接地极等配套工程，输电容量4000MW。

2018年5月14日，在巴基斯坦首都伊斯兰堡，国家电网与巴基斯坦国家输电公司和巴基斯坦私营电力与基础设施委员会执行董事签署了项目交易文件，标志着工程进入全面建设阶段。2019年5月，项目开工建设。

2019年至2020年项目建设期间，中巴近8000名建设者共同克服突发疫情灾害和严峻安防形势，按照统一部署指挥，发扬铁军精神，克服重重困难，用24个月完这一海外直流工程建设，创造了巴基斯坦输变电建设速度之最。2021年历经9个月调试期，默拉直流于2021年9月1日正式投入商业运行，巴基斯坦电网进入直流时代。

截至2023年8月，默拉直流输电工程已安全稳定运行一千余天，改善了巴电网结构，电网调度能力有了飞跃提升，南电北送规模提升39%，彻底扭转了巴中部、北部政治经济中心持续多年的电力供应不足的局面。迎峰度夏期间，占巴电网夏季最大负荷13.3%，电力供应占比28.3%。极大增强了巴国家骨干网架及南北直流通道输送能力和电网可靠性。直流项目输送距离远、输送容量大、低损耗优势得到充分体现。带电运行3年来，默拉直流经受住极端高温酷暑、严重洪涝灾害和多发交流故障等考验，为巴国家电网持续稳定安全运行发挥关键作用。

二、项目所在国营商环境

为促进工业现代化，开发国土自然资源，解决就业问题，增加财政收入，巴基斯坦政府积极鼓励外国企业到巴基斯坦进行投资。巴基斯坦是与中国山水相连的好邻居、好伙伴、好朋友、好兄弟，中巴经济走廊是高质量共建"一带一路"的示范工程。

交流交往方面。今年是共建"一带一路"倡议提出十周年，也是中巴经济走廊启动十周年。今年以来，中巴互动频繁，巴计划部长访华并出席第 12 次联合合作委员会会议，国务院副总理何立峰赴巴基斯坦出席中巴经济走廊启动十周年庆祝活动。中巴双方高度赞赏"一带一路"重要先行先试项目取得的丰硕成果，将其作为中巴友谊"新标杆"，并表示加快构建新时代更加紧密的中巴命运共同体。

法律法规方面。巴基斯坦实行开放的外商投资管理体制，绝大多数行业均对外资开放，同时出台了包括《经济改革保护法》《外国私人投资（促进与保护）法》等多项有关外商投资以及外资并购的法律法规。投资委员会是巴基斯坦外商投资主管部门，通过制定《投资政策（2013）》、降低外商投资成本、简化投资流程等，进一步优化了外商投资环境。此外，巴基斯坦外汇管理制度主要有《外汇监管法案（1947）》《外汇手册》等，涉外法律法规较为完善。

税收优惠方面。巴基斯坦电力投资政策较为优惠透明，巴基斯坦制定了 2015 年《财政法案》，对特定能源公司给予一定期限的所得税豁免优惠，如对在 2015 年 7 月 1 日之后开工的输变电工程项目豁免为期 10 年的所得税等。《电监会法令》《国家电力投资政策》《私人电力投资电价确定导则》等政策分担投资者风险，提供政府担保和法律税收风险担保、税收豁免、水利 / 水文风险转移等优惠政策，其中免除私人投资电力项目的所得税、营业税和预扣税，设备关税为 5% 等税收政策可以为投资者节省大额投资费用。巴政府还允许私人投资电力项目采取"成本 + 回报"的原则进行电价核定，最大限度保障投资者合理收益，目前可再生能源项目允许的最大收益率为 17%。

三、项目突出亮点和特点

（一）保工期，展现大国重器担当

2018 年，工程开工建设。面对有效施工时间短、可用率要求高，属地协调工作量大，施工资源短缺等严峻局面，中电装备公司集中优势资源和骨干力量，保工程进度保建设质量，仅用时两年，比合同提前 3 个月竣工带电，关键性能指标达到了国际同类工程的最好水平。

（二）树品牌，展示工程独特的质量特色

本着"技术先进、安全可靠、绿色环保"的建设管理目标，默拉直流输电工程的工程设计、建设和运维主要采用中国标准和中国模式，主要设备国产化率 100%，力求打破国外主流制造企业在国际直流输电工程建设领域的垄断。默拉直流输电工程先后攻克了高可靠性直流系统成套、53℃高环温下大容量换流变压器高效冷却、弱电网＋交直流并联强耦合送电场景下大电网稳定控制等特有重大技术难题，确保复杂环境下直流系统安全稳定运行。线路工程在巴基斯坦首创使用中国自主研发的 1250 平方毫米大截面低输电损耗导线，极大提高输送功率和能源利用率。

（三）重履责，惠泽当地

国家电网坚持"市场化、长期化、本土化"经营，重视履行当地社会责任，做好本地化建设。建设期为当地创造了 7000 个就业岗位，运营期持续聘用近 300 名当地电力工程师，累计开展专业培训 15260 人次，培养出一大批本地化直流技术人员。2022 年 6 月，巴基斯坦发生洪灾，默拉输电公司一手抓好默拉直流输电线路、换流站设施设备的巡视和防洪加固，确保项目安全稳定运行，一方面积极开展人道主义援助，救助洪灾影响的公司员工和项目周边村民。

（四）跨文化融合，促进民心相通

默拉输电公司积极应对中巴员工思想观念、宗教信仰、传统文化和生活习俗等多方面差异，通过探索开展本土化工作，加强文化交流，发布国别社会责任报告，与当地大学、智库、主流媒体、社会组织等机构合作等方式，成功实现跨文化管理，将企业文化融入当地文化，积极履行社会责任，促进跨文化融合发展，以企业形象展现国家形象。在拉合尔办事处、拉合尔换流站、默蒂亚里换流站、拉合尔工程技术大学（UET）图书馆设置了"中国书架"，目前书架图书总量已超过 3000 本。"中国书架"上架图书涵盖多个门类的中英文书籍。

四、项目意义及影响

默拉直流输电工程主要设备均由国内企业供货，设备国产化率在 98% 以上，大幅带动国内高压交直流输变电装备出口。项目建设运维也给当地带来就业机会和专业技能。

该项目对于中资企业在巴建设电源项目特别是巴基斯坦南部各电源项目送出具有重要的保障作用。作为中巴经济走廊能源合作协议中唯一的电网项目，以及巴基斯坦输电领域首次允许外资开发的大型项目，默拉直流输电工程是中资发电企业在巴基斯坦南部建设的卡西姆电厂、胡布电厂、塔尔电厂、上海电气 SSRL 电厂等项的配套送出工程，也为中巴经济走廊其他能源、交通基础设施项目的建设提供了电力保障。

该项目是国家电网有限公司在国际上首次采用 ±660 千伏直流技术方案，完全自主知识产权，实现了在海外直流领域的新突破，对于带动国内直流电工设备、技术和标准"走出去"具有重大意义。默拉直流输电工程的核心领域直流输电部分完全采用中国标准设计、制造和建设，使用的中国技术标准及规范超过 80%。默拉直流输电工程在巴基斯坦的顺利投建，将增进国际社会对中国标准的了解，逐步提高中国标准在国际上的认可度，推动中国电力设计标准国际化，提高电力建设技术领域的国际竞争力。

为当地带来多重效益，促进当地经济发展和中巴经贸合作。建设默拉直流输电工程，符合巴基斯坦中长期电网规划，将有效提高巴基斯坦长距离资源配置能力，缓解负荷中心区域的电力短缺局面。工程采用直流输电技术，60%线路途经沙漠区域，有效节约了输电走廊和耕地。此外，由于直流输电采用点对点输电，工程沿途不需要与交流电网联网，提高了输电效率。工程采用截面积为1250平方毫米的大截面导线，输电损耗只有4.3%，处于世界领先水平。

工程投运以来输送电量持续提升，高峰时占巴电网夏季最大负荷的13.3%，在项目受益区域电力供应占比达到28.3%，为2317万人口提供稳定、优质电力保障。

（国家电网有限公司供稿）

华事德电站：
用"电气智慧"打造中国名片

华事德电站位于伊拉克南部瓦西特省祖拜迪耶地区，是上海电气集团股份有限公司（简称"上海电气"）首个自主 EPC 总承包、长期运维的大型总包工程。从前期建设到后期运维，华事德电站突破传统 EPC 模式的束缚，将服务链延长，在巩固 EPC 工程成果的同时创新商业模式，形成"EPC+运维"模式。在连续 7 年夏季用电高峰中，华事德电站保质保量做好了电厂年度检修工作，配合伊拉克电力部有效缓解了国内用电矛盾和用电压力。目前，华事德电站约占伊拉克总发电量的 20%，是伊拉克电网中最大电源点之一，也是首都巴格达的主力电站。辛苦耕耘的岁月里，华事德电站项目在"人"与"事"的磨合中，打响中国品牌，打造出了一张亮眼的中国名片。

一、项目概况

伊拉克华事德电站项目是上海电气首个自主 EPC 总承包、长期运维的大型总包工程，该项目共计 4 台 330MW 燃油机组、2 台 610MW 燃油机组。自 2013 年首台机组获得 PAC 证书以来，上海电气已连续 10 年在当地参与电站运行及维护服务，与业主共签订 6 期运维合同。

作为伊拉克境内最大的热电站，经过 10 年筹划、5 年建设、7 年运营，华事德电站项目奠定了上海电气在伊拉克市场的发展基石。2013 年首台机组投运以来，上海电气已与伊拉克电力部签署多个阶段性运行维护合同，华事

图为伊拉克华事德电站全景

德电站为伊拉克国内发电累计超 1375 亿 KWh，其中 2022 年度累计发电 165 亿 KWh。目前，华事德电站约占伊拉克总发电量的 20%，是伊拉克电网中最大电源点之一，也是首都巴格达的主力电站。

在连续 7 年夏季用电高峰中，华事德电站保质保量做好电厂年度检修工作，配合伊拉克电力部有效缓解了其国内用电矛盾和用电压力。

二、项目所在国营商环境

根据世界银行发布的《2020 年营商环境报告》，伊拉克在 190 个经济实体中排名第 172 位。其中，安全问题是影响伊拉克吸引外资的重要因素。在过去十多年项目执行过程中，上海电气认为国际油价对伊拉克的营商环境影响较大。其中，当国际油价处于高位时，伊拉克国家财政较为充足，从而使各级政府部门间的财政分配问题得以缓和。在国家投资预算充沛的情况下，伊拉克政府积极推进项目，项目资金也有良好保障，这种情况出现在 2010—2013 年以及近几年。但是当国际油价大幅下滑，伊拉克财政预算因石油收入不足而出现紧张时，伊拉克政府会倾向于率先解决国家安全与民生问题，暂停新建项目批复与执行项目资金支付。

虽然存在一些问题，但伊拉克经济发展依然潜力巨大。考虑其人口存量与快速增长率，当地十分需要推进基础设施建设。除了传统的油气、电力等领域以外，伊拉克交通设施建设、水处理及海水淡化设备、通信与互联网设施、房地产、市政基建等都有改造空间，因此需要进行整体建设以满足当地民众需要。

从电力市场领域来看，伊拉克整体电力市场基础设施比较落后，伊拉克实际总发电能力自 2019 年以来一直徘徊在 18000MW 附近，而总电力需求不断提高，夏季高峰的总负荷需求预计能达到 30000—35000MW，其中的供给缺口为电力工程企业提供了较大的市场机会。同时，伊拉克电网建设严重落后于电源点建设，近年来亟须全面升级改造。此外，近几年，伊拉克人口已从 2003 年的 2000 万上升至 4000 万，人口基数较大且仍在快速增长，这也为未来电力市场提供了预期空间。

三、项目突出亮点和特点

（一）"电气智慧"打造中国名片

在辛苦耕耘的岁月中，华事德项目在"人"与"事"的磨合中，打响中国品牌，打造出了一张亮眼的中国名片。

从前期建设到后期运维，华事德电站突破了传统 EPC 工程总承包模式的束缚，将服务链延长，在巩固 EPC 工程成果的同时创新商业模式，形成"EPC+运维"模式，除继续深耕传统热电全生命周期领域外，深入挖掘同业主方的项目合作空间。

从工程总包商转变为电站运行维护服务商，就是要求一个习惯了"抓进度、抓质量、抓安全"动态工作模式的专业 EPC 管理团队，在短时间内转变成"力保机组稳定运行"的静态监控维护的专业电厂运维团队。

此时，上海电气迎难而上。首先，在组织架构设置上，华事德电站设立了检修部、生产技术部、化学运维部、生产安全保障部等 9 个部门，基本覆盖电站全部运行和维护工作。其次，在团队建设上，华事德电站把上海电气、分包单位和业主方聚在一起，每个部门里都有这三类员工。上海电气华事德项目部有 35 名员工，基本上有近 20 人驻守在伊拉克，每半年轮流换岗。相关分包单位约有 380 名中国员工，主要负责电站维护工作。业主方约有 800 多名员工，包括专业技术人员和新招聘的当地大学生等。无论组织架构设立、电站定员编制、运行和检修工作的分包模式，还是仓储和备品备件管理、机组技改和大修、机组安全运行要求等各方面，事实证明这是一套行之有效的运作体系。

运维期间，项目团队还注重降低运营成本，通过技术创新和管理优化，有效降低了电站的燃料消耗和维护成本，进一步提高了电站的生产经营收益。此外，上海电气还同伊拉克业主探讨当地既有燃机电站的各类建设项目，进一步在各类新能源领域上与伊拉克各方业主开展合作，包括光伏、风电、储能、绿氢等。

十年运维服务中，上海电气不仅顺利推进了"EPC+ 运维"模式，也带着中国"情谊"通过华事德项目为伊拉克带去人文关怀，将中国温暖带到了周边社区。

2020 年 4 月 21 日，伊拉克电力部向上海电气发来感谢信，感谢多年来，尤其是多个关键时期，上海电气对伊拉克电力生产做出的贡献。华事德电站这张浸透着中国温度、文化与技术的"名片"在伊拉克电力行业得到了高度认可。

（二）运维工作高效稳定

华事德电站每年投运时间超 7500 小时，长期处于超负荷运转状态，充分满足了伊拉克当地电力需求，为伊拉克经济社会发展作出了重要贡献。截至 2023 年 3 月底，华事德电站累计发电量已达 1375 亿 Kwh，发电状态高效稳定。

2021 年 3 月 20 日，伊拉克华事德电站一期 2 台已投入运行 8 年的 330MW 燃油（气）机组，在伊拉克电力部官员见证下，创造了伊拉克亚临界燃油气机组连续安全稳定运行的新纪录，其中 4 号机组连续运行 366 天，1 号机组连续运行 400 天。

在疫情严重的 2020 年 1 月至 2 月期间，华事德电站仅用 22 天就提前 1 周完成了 #1 机组年度检修和试运任务。在此期间，共计完成包括空预器冷端传热元件更换、尾部烟道补漏等重要工作项目的消缺 149 项。

（三）合理应对"不正常"的突发状况

在华事德电站也流传着这样一句话：一年只做两件事，一件是"迎峰度夏"，另一件是"准备迎峰度夏"。华事德项目部每年通过提前超前谋划，提前部署，针对机组存在的限制负荷的问题疑难杂症，进行寻根究底，逐一攻克，确保"迎峰度夏"任务顺利完成。

但在伊拉克，困难远不止高温。在华事德项目执行中，对于当地突发事件的合理风险评估与妥善的应对态度，关系项目执行成败。2022 年 7 月 20 日 12 点 29 分因伊拉克电网高频至 53.2HZ，伊南部区域电力供应全部中断。受此影响，华事德电站 6 台机组全部紧急停机，全厂失电。在项目现场负责人的指挥和领导下，第一时间启动全厂停电事故预案，应急工作组人员分工明确，各司其职，各岗位人员接到预案启动命令后，火速奔赴各责任区域，保证电站各区域内的设备安全，以最快速度恢复机组运行。随着 6 号机组于 21 日 11 点 30 分并网发电，全厂停电事故的恢复工作圆满完成。从事故发生到全面恢复生产仅历时 23 小时。

四、项目经验及启示

（一）精心守护 确保员工权益

华事德项目团队通过用水用电的优化、宿舍升级改造、职工之家完善、绿叶菜耕种、安防保障加强，解决员工关心的问题，打通管理堵塞地带。在项目现场生活区的大门上方，"致敬奋斗者"的标语异常醒目。通过不断地将员工关心的事落到实处，不断完善现场的后勤条件与安防设施，为所有驻地员工创造一个安居、宜居的生活环境。

（二）履行社会责任 促进当地战后重建

多年来，华事德电站项目团队一直关注着电站周边社区——帮当地困难村民培训技能并落实就业；捐赠道路帮助当地村镇提升基础建设；夏季给厂区的警卫送上解暑饮料；疫情期间向业主及周边居民捐赠防疫物资。2019 年11 月 28 日，华事德项目部以公司名义向电站旁的祖拜迪耶小学捐赠了打印机、投影仪、书桌等教学助学物资。如今在伊拉克，几乎无人不知华事德电站内有一家中国公司叫上海电气。

（三）增进中伊友谊 彰显负责任国家形象

在电站厂区内的任何角落，都可以看到中伊员工共同工作的和谐场面。在集控室中方的运行监督员认真地指导伊方值长审核工作票，送风机旁汽机班班长一边娴熟地拆解维护设备，一边向伊方学员讲解注意事项，伊拉克业主已然与中方团队融为一体，彼此默契衔接。

华事德电厂厂长阿迪勒·马纳蒂表示，中方技术人员给他留下了深刻印象，通过与专业、可靠、优质的中国企业合作，伊拉克取得了巨大发展。

（上海电气集团股份有限公司供稿）

马克图姆太阳能公园四、五期
建成光伏发电标杆项目

马克图姆太阳能公园是迪拜最具雄心的新能源发展项目，分五期建设。在前三期均有竞争激烈且经验丰富的海外厂商总包后，上海电气集团股份有限公司（简称"上海电气"）连续中标总包四期、五期项目，四期950兆瓦光热光伏复合太阳能电站项目，是全球装机规模最大、技术标准要求最高的太阳能发电项目之一，五期光伏电站项目是中东地区使用先进太阳能光伏发电技术的代表，也是迪拜最大的光伏电站项目。项目实施过程中，上海电气不仅克服技术整合上的难度，也挺进全球供应商管理协同的国内企业出海"无人区"，并不断化解包括疫情、通胀以及气候等多因素的冲击，为国内企业在海外市场的建设积累了宝贵经验。

一、项目概况

上海电气连续中标了迪拜马克图姆太阳能公园的四期、五期项目。其中，四期项目由迪拜电力水务局DEWA、中国丝路基金、沙特国际电力和水务集团联合投资，占地面积44平方公里，相当于6162个足球场，是目前世界上装机容量最大、投资规模最大、熔盐储备热量最大的光热项目，在全球光热发电市场和上海电气的国际化战略中都是一个标杆性项目，投产后将为当地32万户家庭提供清洁电力，每年可减少160万吨碳排放，对于迪拜2050清洁能源战略实施具有重大意义。五期项目总装机容量900兆瓦，占地

10.17 平方公里，由阿联酋迪拜水电局（DEWA）、沙特国际电力和水务公司（Acwa Power，简称 ACWA）及中国丝路基金联合投资，上海电气作为 EPC 总包项目方参与其中。

二、项目所在国营商环境

（一）政局保持稳定，营商环境良好

上海电气总包马克图姆太阳能公园四期、五期项目（合称"上海电气迪拜太阳能项目"）。项目所在地阿拉伯联合酋长国，由阿布扎比、迪拜、沙迦、阿治曼、乌姆盖万、哈伊马角和富查伊拉等七个酋长国组成。近年来，阿联酋是中东地区政治稳定、经济发展较快的国家，政局稳定成为阿联酋宣传本国形象、吸引外商投资的重要标签。近年来的中东地区吸引外资排名中，阿联酋常常位居首位，在持续吸引外资的关键因素中，稳定的政治环境、完善的基础设施和良好的营商环境是阿联酋的三大优势。世界银行发布的报告显示，阿联酋营商环境排名连续多年位居阿拉伯国家前列。

图为阿勒马克图姆太阳能公园

（二）多元化发展，高度重视新能源

阿联酋近年来试图摆脱石油经济的单一路径，谋划经济的第二增长曲线。阿联酋在发展新能源上具有得天独厚的优势，该国地处中东低纬度区域，降水稀少，光照条件优越，全国每平方米年均太阳辐射量高达 2200 千瓦时，日照甚至比撒哈拉大沙漠还要强烈，发展太阳能发电的自然条件得天独厚，年均有效发电时长可高达 3000—4000 小时。加上此前发展石油经济积累的财富，阿联酋有充裕的资金来加速发展新能源。

（三）市场开放度高，竞争较为激烈

项目所在地迪拜的营商环境相对较好，一直是中东北非地区吸引外商投资的主要区域。据统计，阿联酋吸引外商投资的约 80% 项目都位于迪拜。迪拜经济和旅游局（DET）公布的数据显示，2022 年上半年，迪拜吸引了 492 个外国直接投资项目，与上年同期相比增长 80.2%。

三、项目突出亮点和特点

上海电气迪拜太阳能项目的实施，将有效推动阿联酋迪拜能源结构升级和优化，也是中东地区使用最先进太阳能光热发电技术的代表性项目。

（一）突破技术难题，用实际行动推进建设

上海电气迪拜太阳能项目地处沙漠腹地，自然条件恶劣，气温高达 50 摄氏度以上，造成项目进度一度滞后。四期、五期项目不仅技术难度大，而且施工环境恶劣，叠加疫情等因素对物流运输等方面的影响，项目复杂程度远超前三期，也超过中国企业在海外的同类型项目。在项目期内，上海电气努力协调、加大技术突破，克服各类不利因素，保障了建设进度。在技术上，四期的光伏广热项目采用世界上最新、最先进的技术，集热塔高达 262 米，定日镜达 70000 面，相关设备超重超大。比如溢流罐在槽式发电 1 号区域共布置 9 台，为导热油系统中重要的容器储存设备，单台罐长

52米,净重达200多吨,也是项目最大的单体运输件,对国际运输、吊装等都是巨大挑战。

(二)强强联合,助力当地能源转型

作为2050年净零战略的一部分,阿联酋计划投资6000亿迪拉姆用于清洁能源项目。按照迪拜发布的清洁能源战略,到2050年,迪拜计划使用清洁能源满足其所有电力需求。目前可再生能源在阿联酋能源结构中的份额已接近15%。阿勒马克图姆太阳能公园是阿联酋庞大新能源投资计划的一部分。四期项目上,利用光热技术化解光伏发电的间断问题,整套机组运行后,槽式机组在夜间或不良气候条件下,储存的能量可满足最长12.5小时持续发电。五期项目采用了最新的太阳能光伏双面技术,允许太阳辐射到达面板的正面和背面,并通过单轴跟踪来增加发电量,该项目也使用全自动机器人清洁太阳能电池板,提高效率。项目建成后每年将减少118万吨碳排放。

(三)多国供应商协同建设,参与人数超预期

在国际工程中,设备采购全球化和属地化已成为EPC总承包方顺利完成项目进度的不可或缺的组成部分。上海电气迪拜太阳能项目的设备供应商来自全球各地,每个细分领域都有全球专业技术领先的供应商参与。上海电气迪拜太阳能项目的工人和技术人员也来自全球各地,四期项目的建设高峰期的现场人员接近万名,五期项目高峰期的现场人员也有2500多人,均为国际化团队。通过这个项目,上海电气在项目的人员管理、进度衔接、商务管理优化等方面都积累了丰富经验。

四、项目经验及启示

上海电气迪拜太阳能项目不仅采用世界最新最先进技术,在技术验证上进行了大量的磨合,也是国际供应商的大整合,在合同采购、谈判及工程协

调等方面进行了大量探索。在商业运作上，不断降本增效，加强商务管理，确保工程进度和工程支出，一些做法值得同类企业参考借鉴。

（一）整合资源，借助一切可以借助的力量

团结参建各方力量，特别是与业主建立良好信任、达成一致目标，对项目成败至关重要。上海电气迪拜太阳能项目团队在设备选型、设计优化、施工投入、资金压力、人员投入、电网协调等方面，与业主进行了充分的沟通，建立了良好的默契、信任、共识。在与跨国公司或当地供货商等分包商进行合作时，需要进行大量沟通和做足前期准备，特别是在合同规范上，拟定分包合同前，要认真研读主合同，对工期、进度、质量、安全等各方面进行分析，同时考量自身资源、管理能力，以此确定分包范围。项目实施过程中，要明确分包商的施工计划段，根据总承包方整体计划，结合关键路径、里程碑节点，细化作业活动，完善计划编制。

（二）加强与当地政企合作，变不可能为可能

上海电气迪拜太阳能项目团队不仅与当地政府加强沟通，发挥当地团队熟悉情况等优势，而且与当地供应商广泛合作，以节省成本、推动工程进度等为目标积极开展合作。五期项目上，项目团队与当地地勘公司 Matrix 合作，快速推进前期工作，赢得了宝贵时间。同时，项目团队通过熟悉当地政府工作特点，积极寻找当地资源，通过属地化人员的聘用与管理，利用熟悉流程的人士推动与政府部门、业主的沟通，与各方进行协调。

（三）苦练内功，锻造国际化能力

上海电气迪拜太阳能项目大量采用世界先进技术，不仅对上海电气的集成和验证能力提出了更高要求，也对供应商的选择带来巨大压力。据统计，上海电气迪拜太阳能项目的直接供应商超过 200 多家，通过建立专业的采购小组、商务及物流团队，利用上海电气的智能化供应链管理平台及数字化物流管理平台，制定联合质量计划，定期排查等方式管理及联合供应商。在项

目执行中，形成了一套降本模式，联合中小型企业供应商，建立长期的合作伙伴关系，与大型供应商建立战略伙伴关系，与供应商一起优化物流管理模式，通过信息共享、风险共担等方式，加强了与全球供应商、当地企业的彼此信任与高效协同。

（上海电气集团股份有限公司供稿）

达克镕电厂：
国际能源合作"小而美、精而优"项目

缅甸仰光达克镕燃气 – 蒸汽联合循环电厂项目（简称"达克镕电厂"）是云南能投集团在东南亚地区投资建设的"小而美、精而优"国际能源合作代表性项目。

达克镕电厂采用 BOT 投资模式开发建设，创造了缅甸同类型电厂建设工期最短纪录。电厂投产五年来，累计向缅甸国家电网输送电量 39.2 亿千瓦时，年新增天然气发电量占仰光地区 10% 左右，累计实现营业收入超过 8.28 亿元，利润总额约 1.58 亿元，电厂热电转换效率达到 53.83%，是缅甸建成天然气发电项目中运行效率最高、能耗最低的电厂。达克镕电厂有效缓解了仰光地区用电紧缺状况，有力保障了仰光区域电力安全稳定供应，同时云南能投集团坚持属地化管理经营，为当地创造了就业机会，对促进仰光及周边地区的社会经济发展，改善当地居民生产生活条件起到积极作用。

一、项目概况

达克镕电厂位于缅甸仰光市东郊达克镕镇，由云南能投集团所属香港云能国际投资有限公司和云南能投联合外经股份有限公司采用 BOT 投资模式开发建设。

达克镕电厂项目总投资近 9 亿元，装机容量 118 兆瓦，特许经营期 30 年。2013 年中缅双方签署谅解备忘录（MOU），2014 年 11 月 24 日在时任国务院总理李克强见证下签署协议备忘录（MOA），2015 年签署合资协议（JVA），

2016 年签署购电协议（PPA），并于同年 5 月开工建设，2018 年 2 月 28 日电厂正式投入商业运行。

作为缅甸为数不多的可发挥基荷作用的发电厂，达克鞳电厂投产五年来，持续向缅甸提供安全高效的清洁能源，累计向缅甸国家电网输送电量 39.2 亿千瓦时，年新增天然气发电量占仰光地区 10% 左右，累计实现营业收入超过 8.28 亿元，利润总额约 1.58 亿元，成为中缅电力基础设施建设合作的典范，有效缓解了仰光地区用电紧缺状况，有力保障了仰光区域电力安全稳定供应，对促进仰光及周边地区的社会经济发展，改善当地居民生产生活条件起到积极作用。

二、项目所在国营商环境

缅甸作为东南亚地区大国，无论从资源、市场、人口均有较大的竞争优势，未来发展前景向好。同时，缅甸油气、煤炭、水能资源丰富，太阳能、风能资源潜力巨大。

由于缺乏专业技术和资金支持，缅甸国内电力基础设施整体较为落后，电力供应短缺，电网布局、设施设备等都有待改善。能源资源优势难于充分转化为产业优势、经济优势，一直是制约缅甸社会经济发展的重要因素。为实现 2030 年全国通电目标，缅甸政府正在制定包括水电、燃气发电、风电、太阳能发电等电力开发方案，电力行业是缅甸国家战略层面优先支持发展和鼓励外资进入的重点行业之一。

受 2021 年缅甸政局变化以及新冠疫情影响，缅甸经济状况不容乐观、外汇危机凸显，缅币大幅贬值且波动较大。为抑制缅币贬值、控制外汇流出，缅甸当局出台一系列外汇管制政策。特别是缅甸中央银行强制锁定美元与缅币汇率，导致外资企业利润汇回不能得到有力保障。境外金融机构及保险机构对缅甸项目支持力度有所下滑，影响到了既有投资者的利益和潜在投资者的信心，缅甸电力和能源领域投资和项目开发建设速度放缓。

三、项目亮点

（一）瞄准"小而美、精而优"方向

在国家能源安全新战略指引下，云南能投集团聚焦主业，立足自身优势，精耕东南亚市场，关注"大能源"细分领域"小而美、精而优"的项目，综合研判项目的行业类别、国别风险、建设周期、投资收益、投资模式等。

不以项目规模论英雄，遴选出睦邻关系友好、国别风险可控、能源主业相关、所在区域急缺、投资周期较短、预期收益可观的优质成长型项目，做到项目前期审慎研判，项目实施大力推进，项目后期精益运营，实现境外项目投资运营闭环管控，最大限度地降低投资风险，打造比较竞争优势，塑造中国国际能源合作的良好形象。

（二）建设周期大幅缩短

达克鞳电厂建设期间，项目团队对中方员工和属地化员工实施差异化精准管理，有效调动全体员工积极性。针对仰光地区雨季长、雨量大的特点，因地制宜制定《雨季施工应急预案》，优先进行厂房封顶和厂内排水沟施工，防止厂内积水，最大程度减少雨季对室内机电设备安装的影响。

积极打通中缅、泰缅物资备品供应链路，储备多条物资采购路径，有力保障施工建设物资备品的充足稳定供应。在人员、技术、物资稳定保障下，项目以21个月的建设工期创造了缅甸同类型电厂建设工期最短纪录。

（三）科学用好当地资源

立足缅甸仰光地区严重缺电现状，云南能投集团借助缅甸区位优势和油气资源优势，推动油气资源就地转化利用，大力推进燃气发电项目，增加区域电力供应，惠及当地经济发展。

立足当地人力资源优势，达克鞳电厂项目坚持属地化管理经营，注重吸纳和培养当地员工，大力培养本土联合循环电站运维人才，加速缅甸燃气发电产业发展。

（四）推广清洁能源技术

达克鞳电厂项目坚持生态优先、绿色发展理念，大力推动中国清洁能源理念、技术、产品和服务"走出去"，采用我国提出的高效清洁能源解决方案，有效发挥燃气－蒸汽联合循环能源利用优势，推动缅甸能源结构低碳化转型，助力缅甸绿色低碳发展。目前，电厂热电转换效率达到53.83%，是缅甸建成天然气发电项目中运行效率最高、能耗最低的电厂。

（五）安全生产平稳有序

达克鞳电厂项目坚持"以人为本"的安全生产理念，深入贯彻落实"安全第一、预防为主、综合治理"的安全生产方针，紧紧围绕安健环管理目标，加强人员安全培训教育、强化现场监督监管、认真组织疫情防控、建立政局突发事件应急机制、做好隐患排查治理和反违章等工作，确保电厂安全运营。

自投产以来，达克鞳电厂制定应急预案34项，开展各类应急演练25次、安全专项检查52次、安全月活动5次、消防月活动5次，安全教育培训264次。截至2022年，达克鞳电厂累计安全生产1767天，未发生任何安健环事故。

图为达克鞳电厂

四、项目创造多重效益

（一）保障能源安全稳定供应

达克鞳电厂投入商业运行以来，累计发电 39.2 亿千瓦时。其中，2022 年度净上网电量近 9 亿千瓦时，再创电厂投产以来的年度上网电量历史新纪录，为仰光工业发展、商业运行和民生保障提供持续稳定电力供应。

（二）树立中国品牌良好口碑

达克鞳电厂连续 5 年安全稳定运行，受到缅甸政府、行业普遍赞誉，2020 年，缅甸电力部授予电厂"优秀电厂奖"，树立了中国能源企业清洁、安全、可靠的良好口碑。项目的成功，不仅展示了中国能源企业的综合实力，也搭建了中国能源企业传播中国经验、讲好中国故事的良好渠道。

（三）储备培养电力专业人才

在兼顾经济效益的同时，注重发挥社会效益，达克鞳电厂项目为当地社会创造直接就业岗位 110 个。针对缅甸国家电网系统不稳定不利影响以及语言不通的问题，电厂从国内选派机组技术专家和专业人员为缅籍员工进行职业技能培训，定期为缅甸电力部职员和电厂缅籍员工提供汉语课程培训，积极对接设备厂商优化机组技术服务和运行参数，最大程度降低电网波动对电厂机组的影响。项目建设期间累计培训近千名缅籍电力运行和维护专业人员，推动中国专业技术团队、先进管理经验和高效清洁能源解决方案"输出"。

（四）积极履行企业社会责任

云南能投集团项目团队认真践行共建"一带一路"倡议"五通"要求，大力促进民心相通，支持缅甸水灾援助和灾后重建电力保障、教育事业援助、社区建设和疫情防控等事业，累计捐款超 200 万元，被缅甸宣传部和缅甸官方媒体广泛报道，得到了缅甸民众和社会各阶层的广泛好评，实现了良好的社会效益。

米桑电厂项目克服疫情阻碍 助伊拉克解决电力难题

在重建国家经济的过程中，伊拉克长期处于电力短缺状态。为尽快解决用电难的问题，伊拉克电力部鼓励伊拉克私人业主投资建设电厂。2015年7月，伊拉克政府授权 RAS 公司在米桑省开发伊拉克米桑省燃气轮机联合循环电厂项目（简称"米桑电厂项目"）。2018年7月，中信建设有限责任公司（简称"中信建设"）与 RAS 设立的项目公司米桑电力公司签订合同。

米桑电厂项目为伊拉克南部地区电网提供安全、可靠、清洁的能源保障，对改善伊南部地区环境和民生具有重要意义。该项目对促进中伊两国友好交流发挥了作用，也树立了中国企业的良好形象，为"一带一路"高质量发展作出贡献。

一、项目概况

米桑电厂项目位于伊拉克米桑省南部阿玛拉市东南约20公里区域，项目建筑总面积约为14.1万平方米，装机规模800MW，装机方案采用9F级"二拖一"，由2台燃气轮发电机组、2台余热锅炉、1台汽轮发电机组构成。

（一）项目签约及融资安排

2018年7月3日，中信建设与业主签署了《总承包合同》及《延期付款协议》。根据《延期付款协议》，中信建设为85%的 EPC 合同金额安排中国出口卖方信贷融资，剩余15%的 EPC 合同金额由业主自筹，作为预付款以现汇支付。

图为米桑电厂项目签约仪式

项目的融资由中国进出口银行、中国民生银行股份有限公司上海自贸试验区分行、中国工商银行股份有限公司三家银行组成的银团（简称"银团"）为项目提供出口卖方信贷融资，融资期限为 15 年。

2018 年 7 月 25 日，伊拉克财政部出具了项目主权担保，对《购电协议》下伊拉克电力部支付业主电费的义务以及在《总承包合同》及《延期付款协议》下业主对公司的付款义务提供担保。2018 年 12 月底，中国出口信用保险公司为项目出具了出口卖方信贷保险保单。2019 年 4 月 15 日，中信建设与银团签署了《应收账款融资协议》，同年 6 月 25 日融资各项审批完成，顺利实现融资关闭。

（二）项目建设

2019 年 5 月 15 日，米桑电厂项目正式开工，设计、设备材料采购、现场施工等工作按计划稳步实施。2021 年 8 月，项目单循环系统两台机组具备调试条件，两台单循环机组于 2021 年 11 月和 12 月分别实现 150MW 发电负荷。

2022 年 6 月 9 日，经多方协调，伊方正式向项目供应酸气。虽然燃料规格不满足合同要求，但经我方及燃机厂家共同努力，2022 年 6 月 26 日，2 号机组率先实现 250MW 满负荷运行，1 号机组于 2022 年 8 月 10 日同样实现 250MW 满负荷运行。

2022 年 7 月 3 日，时任伊拉克总理穆斯塔法·卡迪米出席本项目投运仪式，称项目为"中伊两国合作的新名片"。

项目的联合循环机组于 2023 年 3 月份实现 250MW 基本负荷，是目前燃料未达标情况下较为理想的出力水平。

二、项目所在国营商环境

（一）石油资源丰富

伊拉克位于阿拉伯半岛东北部，自然资源条件得天独厚，石油、天然气资源十分丰富。石油工业是伊拉克主要经济支柱，其已探明原油储量超过 1500 亿桶，约占世界石油储量的 12%。根据中国外交部公布的数据，2022 年伊拉克国内生产总值（GDP）2184 亿美元，人均国内生产总值 5021 美元，经济增长率 8.1%，外汇及黄金储备约 900 亿美元。

（二）政策环境

近年来，伊拉克政府出台一系列政策措施以优化营商环境、扩大吸引外资。目前伊拉克《投资法》给予投资者 10 年的免税期。2021 年 3 月，伊拉克议会通过法案，批准伊拉克加入《承认及执行外国仲裁裁决公约》（即 1958 年《纽约公约》），确保对拥有伊拉克资产的公司执行国际仲裁裁决，从而增强国际投资者安全感，有助于吸引更多的外国投资者。

三、项目突出亮点和特点

（一）成立联合党支部助力项目实施

为充分发挥党组织在基层的领导作用，中信建设牵头，在米桑电厂项目现场成立了中信建设及现场各分包单位全体党员在内的联合党支部，要求党员同志身先士卒，靠前站位，关键时刻能挺身而出、担当作为，实现统一管理、统一要求、齐心聚力、步调一致。

2020 年新冠疫情暴发，在此紧急时刻，联合党支部及时展开部署。首先，加强现场防疫工作，实行封闭管理，妥善安抚工人情绪，并从各个渠道保证现场防疫物资供应。其次，根据人员专业重新组合工作队伍。为鼓舞士气，凝聚人心，2020 年 3 月，联合党支部组织了百日攻坚活动，开展了"守初心、担使命、争朝夕、聚合力"主题党日活动等，在做好疫情防控工作的同时，最大限度地发挥现场中方人员的潜力和战斗力，尽最大努力减轻疫情对工程的负面影响。米桑电厂项目无一天停工，为 2020 年 7 月首次包机通航后安排积极抢工奠定了良好基础。

项目部高度重视疫情防控，坚决贯彻落实党中央、国务院的决策部署，严格依照集团和公司对疫情防控的工作要求，统筹兼顾推进疫情防控和项目工作。随着防疫手段和经验的不断积累与进步，现场也不断完善防疫工作体系，即使出现疫情，也能够及时发现和妥善应对，不会对项目大局造成影响，保证了2021 年现场建设高峰期工作的顺利展开，实现了疫情防控与现场生产的双胜利。

（二）中国技术、设备走出去

米桑电厂项目的建成投产改善了伊拉克民生、解决了当地电力短缺的同时，也实现了一大批优秀的中国技术、设备走出国门。除了燃气轮机和发电机等为项目业主指定德国西门子的设备外，电厂其他设备均采购于中国公司。中国成分达到了 60%。项目使用的所有国产设备在电厂投产后的热态运行状态下，全部通过了各方考核。

项目部始终坚定信念，坚决从项目源头开始，把带动中国设备进入伊拉克市场作为项目的履约理念。项目最核心的余热锅炉、空冷岛、GIS 等主要设备长期安全运行，做到了完美履约合同，同时增强了伊拉克市场接受中国设备的信心。

（三）中国融资

伊拉克作为战后国家，无论是政府还是私人业主，其资金都较为紧张。

为打入伊拉克市场,中信建设连同中国出口信用保险公司、中国进出口银行、中国民生银行股份有限公司上海自贸试验区分行、中国工商银行股份有限公司,通过中国出口卖方信贷的方式为本项目85%的合同金额进行融资。同时为确保回收贷款,中信建设协调业主于2018年7月25日取得了伊拉克财政部为本项目出具的主权担保。采取出口卖方信贷方式融资,有利于支持我国机电产品、成套设备、技术和服务的出口。在此模式下,本项目大部分设备、材料及服务均采购自中国,部分厂家在中信建设的带领下,首次进入伊拉克市场,促进了中国公司"走出去"的步伐。

四、项目经验及启示

(一)促进伊拉克可持续发展

米桑电厂作为燃气联合循环电站,具有运行灵活、可用率高、机组效率高、调峰幅度大等特点,可有力提高电网运行质量。此外,米桑电厂使用天然气为燃料,天然气作为清洁能源,可明显减轻当地环保压力。燃气轮机联合循环电厂用水约为同容量大型燃油电厂用水量的30%,而本项目采用直接空冷,节水量更多,对环境更为友好。

(二)树立中国企业良好形象

米桑电厂项目是中国公司在伊拉克首个以出口卖方信贷方式执行的大型电站项目。项目的设计和全厂装置的施工和安装基本由中国的施工企业实施。除业主指定的西门子主机外,空冷岛、132KV和400KV变电站、水处理单元等关键设备和所有辅机,基本都由中国厂家供货。由西门子供货的主变等设备也在西门子中国工厂生产,特别是400KV变电站作为"中国制造的靓丽名片",已经成为伊拉克南部的电力调度枢纽站,也是目前伊拉克最大的400KV变电站。项目成功带动中国的资金、技术、装备和技术标准走出去,展现了中国公司的整体形象。

此外,项目通过与西门子等国际企业在第三方市场合作,践行了"共商、共建、共享"原则，取得了良好的合作效果。

项目施工分包商、调试分包商、试运行期间运维分包商的主要施工工人、技术人员均来自中国。中信建设带领中国公司通过过硬的设备质量、优质的工程服务，进一步树立了"中国制造"的良好形象。

（三）提供本土化经营水平

米桑电厂项目在实施过程中对标同行企业的实践经验，但出于项目自身特点和疫情等原因，中信建设在本土化资源利用方面做出了诸多积极探索。一是聘用当地及外籍参建人员；二是努力打通当地采购渠道和资源，减少从国内采买；三是施工机械基本来自本地市场。这些举措为公司在中东市场的本土化发展积累了宝贵经验，在项目本土化管理方面取得了显著成效。

中东市场区别于其他市场的一个特征是工程建设的各项要素齐全、市场发达。为此，企业必须充分进行属地化管理，利用好当地资源，培养本土化经营理念和思维，逐步实现从"走出去"到"走进去"的理念调整转变，才能在激烈的市场竞争中站稳脚跟，实现可持续发展。

（四）提前部署，降低工期风险

因伊拉克急需弥补电力缺口，伊拉克电力部给项目投资方下达的建设工期通常非常紧张，米桑电厂项目亦面临此问题。为保证项目如期完工，中信建设在项目融资审批过程时，就着手开展项目开工准备工作，包括：与设计院、主机供应商开展合同谈判及签署工作。为防范风险，将总承包合同生效设置为设计分包合同及主机采购合同的生效条件；本着"风险共担、利益共享"的原则，根据预计的项目开工时间，与德国西门子签署提前开工协议，西门子提前半年垫资开展主机设备的设计工作。

通过合理规划、提前部署，中信建设为后续项目执行争取了时间，在妥善控制成本的同时，大大降低了项目工期风险。

（中信建设有限责任公司供稿）

高查瑞光伏项目
以技术创新引领中阿清洁能源合作

中国电力建设集团有限公司（简称"中国电建"）在共建"一带一路"框架下，紧抓时代机遇，积极参与胡胡伊省高查瑞315兆瓦光伏项目（简称"阿根廷高查瑞光伏项目"）。项目因地制宜，通过多维技术创新减少二氧化碳排放量，是中阿两国在清洁能源领域的一次成功合作。项目为当地居民提供了丰富清洁的电力资源，既培养了两国的新能源技术人才，也有效缓解了阿根廷能源供应不足的问题，还使当地产业经济更加多元，为阿根廷经济可持续发展作出巨大贡献，被评选为能源国际合作领域的最佳实践案例。

一、项目概况

阿根廷高查瑞光伏项目是南美洲最大的光伏电站项目，于2018年4月动工，2020年9月26日并网发电。项目设计总装机容量315.78MW，占地面积约700公顷，预计年发电量6.63亿度电，可以满足约25万家庭的清洁能源使用需求，年二氧化碳减排量325000吨，相当于种了30万棵树。

阿根廷当地时间2021年4月28日，中国电建和上海电建联合体签署阿根廷高查瑞光伏项目EPC总承包合同，该项目是已正式投入商业运行的一期300兆瓦光伏电站的扩建项目。签约项目包括新建200MW光伏发电站和扩建一座原有33kV/345kV升压站。

该项目是第一个落地阿根廷的中国优惠贷款项目，总合同金额为3.9亿美元，其中 85% 的资金源于中国进出口银行的"优买"贷款，15% 的资金由胡胡伊省政府提供。

二、项目所在国营商环境

中国和阿根廷长期保持友好关系，有深厚的合作基础。近年来，阿根廷致力于发展电力基础设施，积极参与和发起电力行业的国际合作研发项目，对相关领域的合作持开放态度，为中国企业提供了良好商机。

自然环境方面，项目位于 4030 米海拔的高原，属于超高海拔光伏电站。工程的站址区域地势良好，地形起伏不大，工程建设条件比较优越。太阳能资源丰富，年总辐射量达到 $2256.89kWh/(m^2*a)$，为建设大型太阳能光伏发电项目提供了良好的资源条件。

政治环境方面，阿根廷政治局势比较稳定，奉行独立自主的多元化外交政策，主张多边主义和国际关系民主化，与中国自建交以来一直保持着良好合作关系。2014 年 7 月，两国关系提升为"全面战略伙伴关系"。2022 年 2 月 5 日，

图为高查瑞光伏项目获奖

中阿签署了共建"一带一路"合作规划，两国进一步加强了在能源、贸易、农业等领域的经贸合作。

政策环境方面，阿根廷政府支持新能源产业的发展，2015 年阿根廷国家可再生能源发展部颁布了国家 27191 号法令，制定了 2016—2025 年的可再生能源发展计划框架，设定了可再生能源的发展目标。阿根廷胡胡伊省政府贯彻国家要求，鼓励大力发展太阳能光伏和光热项目。本项目的开展和实施与当地发展规划相统一，为便于光伏园区电站管理，阿根廷政府在场址区域内新建了一座汇集站，为电站创造了较好的接入条件。

投资环境方面，由于胡胡伊省多年来一直依靠外省供电，电力工业发展远远落后于正常水平，缺乏完备的电力工业基础设施。胡胡伊省相对人员流动性较低的偏远地区治安情况相对良好，安全局势比较平稳。

三、项目突出亮点和特点

（一）绿色产能领域的成功合作

2017 年初，在中阿两国元首见证下签署了项目相关协议。作为在阿根廷第一个落地的中国优惠贷款项目，阿根廷高查瑞光伏项目是中阿务实合作的一个重要里程碑，中阿合力挖掘绿色能源领域发展潜力，为推动当地能源清洁、低碳转型作出巨大贡献，为阿根廷的经济社会可持续发展奠定了良好基础，在新能源行业的国际产能合作中发挥了示范引领效应。2021 年 10 月 18 日，项目在第二届"一带一路"能源部长会议上被评选为能源国际合作领域惠民生类的最佳实践案例。

（二）技术创新克服不利自然条件

阿根廷高查瑞光伏项目位于"南美洲脊梁"安第斯山腹地，平均海拔高达 4020 米。考虑到高海拔特点，项目在 2018 年设计阶段，精心优化设计方案，通过升压站主变备用相快速投入等一系列创新设计，大幅减少了高原偏远环境给运维工作带来的不便。在设备材料选型中，优先选择技术先进、安全可靠、运行方便的设备，有效减少了现场施工、调试的工作量，显著提升了高原环境下的工作效率。

（三）因地制宜践行本土化策略

项目践行本土化策略，利用当地人才及队伍的本土优势，避开与当地成分复杂、力量强大的工会组织和其他政治阻力的直接交锋。以合同分包方式，转移了风险，提高了效率。项目管理人员由中阿双方共同构成，既能充分发挥中方人员在施工工艺、施工组织等方面的优势，又能发挥阿方人员熟悉阿根廷当地技术规范标准，对当地分包商的管理模式与思维习惯更为了解，与分包商的沟通协调更为顺畅的优势。由双方共同管理，可以最大程度保证项目进展，达到了增益互补、提质增效的良好效果。

四、项目经验及启示

（一）主动加强防疫，做好应急预案

2020年以来，新冠疫情暴发并在全球蔓延，全球经济衰退，海外工程市场规模下滑，海外工程承包面临巨大挑战。中国电建为海外工程人员提供了周密的卫生防疫知识宣传、基本的卫生防护器材和必要的生活用品，把国内的疫情防控经验运用到海外工程项目上去，保证坚守在海外工程项目上的中方人员的卫生安全，做到了海外疫情防控应急处置到位。在健全自身应急响应和处置机制的同时，综合考虑了海外项目所在国疫情形势、项目人员密集程度、当地医疗救治条件等因素，制定针对性应急处置预案。做好应急预案的准备或实操演练，从紧急隔离、紧急救治、医疗转运应急处理措施等方面分级分类制定措施，确保一旦发生紧急情况，能够及时响应和果断处理。

（二）强化信息支撑，保障工程顺利开展

为了实现防疫稳产目标，企业充分利用信息化手段，提升疫情环境下数字化综合保障能力，以加强海外疫情防控和开展生产经营工作。在必要时，企业第一时间启动信息化应急保障措施，建立应急沟通协调机制，确保公司海内外通讯稳定通畅，发挥即时通信的优势，提供便捷、高效、安全的平台，实现移动办公和远程协同。企业充分利用电话会议系统及视频会议平台，打破时间和区域的限制，实现多终端、多环境、随时随地召开视频会议，系统安排部署疫情防控巡视、对外交流等工作，增强信息传递的安全性，提高信息传递的时效性。

（三）采用属地化管理，妥善应对本土化挑战

在阿根廷高查瑞光伏项目上，中国电建通过收集和管理当地劳动力资源信息，建立当地分包商及重要技术人员档案，从中选取并雇佣实力过硬、信誉良好的分包商，聘请经验丰富的技术人员。充分利用当地人才及队伍的本土优势，积极吸收、培养和使用当地雇员，发挥他们在语言、文化、社会关系及技术方面的优势。中国电建还从国内选派了优秀有经验的项目管理人员，在日常管理中，中方管理人员占据主导地位，以充分发挥中方企业在电力建设方面的技术和管理优势，同时充分利用当地分包单位及雇员的本土优势，由其主要负责项目所在地的详细协调组织，妥善应对本土化挑战。

（四）积极争取绿色通道，减免"不可抗力"损失

面对物资运输受阻问题，企业积极争取东道国对重点项目涉及的工程机械、电气设备、原材料等物资运输的差别对待，开通绿色通道尽快清关。一是针对疫情造成物资运输成本增加的问题，企业加强与项目东道国有关部门的沟通，争取实现港口减免堆场费、滞港费，协调船运公司减免滞箱费。二是针对人员流动受限问题，加强与东道国沟通协调，研讨两国工作人员在重点行业、重点领域实施健康码互认等政策。三是针对项目设计环节可能产生的变动，与业主积极沟通，争取将变动控制在最小范围，以减少对项目总体规划设计的影响。四是开展有针对性的解释工作，减小业主关于疫情对项目

造成影响的担忧和顾虑，避免其采取拒收货物、拒绝付款、解除合同等极端措施。五是做好融资预案和融资风险评估，应用多元化投融资工具，以免资金成本上升和融资链断裂影响海外项目进展。六是积极利用"外脑"和专业化资源，"借力"阿根廷各领域各行业专业人才，加强对东道国法律体系和最新涉疫判例的跟踪研判，对涉疫不可抗力条款的适用性保持一致性原则，降低"两头受压"的风险。七是密切关注项目所在国舆情变化对项目建设的影响，及时向客户发出遭受不可抗力的通知，搜集影响履约的具体证据，避免日后客户追究"拖延完工"的责任和索赔。加强与我国驻东道国大使馆、经商处等部门的联系，保持信息通畅，积极争取东道国政府更多支持。

（中国电力建设集团有限公司供稿）

缅甸贝因侬变电站扩建项目
的组织和运营模式创新

为改善仰光地区的用电质量,缅甸电力部启动实施贝因侬变电站扩建项目。2016 年 2 月 26 日,中信建设有限责任公司(简称"中信建设")与浙江省电力设计院组成联合体,签订该项目的工程总承包合同。

该项目在组织模式、融资模式、信用证开具模式上均进行了开拓创新,提前了 8 个月完工,2017 年 12 月 31 日顺利投运。项目投运后有效缓解了仰光地区的供电压力,改善了当地用电质量和民生情况,促进了电力相关产业发展,是中缅电力合作的成功案例。

一、项目概况

长期以来,缅甸一直面临着电力供应不足和电力基础设施落后的严峻挑战,输电网络的老化和不足也使得电力难以稳定地输送到用户端,进一步加大了供电不足的问题。在这一背景下,为改善仰光地区的用电质量,缅甸电力部启动实施贝因侬变电站扩建项目。

贝因侬变电站位于仰光河畔,承担着为周边镇区,尤其是莱达雅工业区供电的重任。贝因侬变电站此前已建成 1 组 230kV/ 100MVA 单相变压器,1 回 230kV 架空出线和 4 回 66kV 出线,其中包括 2 回架空,2 回电缆。贝因侬变电站扩建项目主要负责缅甸 230kV 贝因侬变电站的扩建工程,具体包括修建 66kV GIS 楼、新增 2 台 230KV,125MVA 三相变压器、10 回 66kV 出线以及主

图为贝因侬变电站

变压器配电装置、主变构架、事故油池、站区道路的建设工作，其中66kV GIS楼为最大单体工程，分为地下一层和地上两层，合同工期为24个月。

2016年2月26日，中信建设与浙江省电力设计院组成联合体，与原缅甸电力部缅甸电力公司〔现更名为缅甸电力能源部缅甸电力部输电和系统控制局（DPTSC）〕签订工程总承包合同，总金额为17959930美元，其中缅方自有资金30%（10%预付款和20%的中间付款），剩余70%的合同额由承包商自行融资，缅方通过远期信用证按8年每半年等额还款。2016年9月8日项目开工；2017年9月30日贝因侬变电站1号主变投运，12月31日2号主变顺利投运。至此，项目比合同约定工期提前8个月完工。

二、项目所在国营商环境

缅甸政府先后出台《投资法》和《公司法》，简化了投资审批程序，并逐步放开外商投资领域，但开放程度依然有限，开放领域仍集中在传统的农业、水产养殖和酒店行业。

近几年，受疫情延续、政局变化等因素影响，缅甸国内经济增长面临较大压力。由于刺激经济增长和投资国内基础设施的需求加大，缅甸公共债务规模逐渐扩大，国际货币基金组织预测，未来几年，缅甸政府负债可能上升。

三、项目突出亮点和特点

（一）采用联合体的组织模式

该项目是中信建设在缅甸总承包的第一个变电站项目，也是第一个输变电领域的项目，中信建设与浙江省电力设计院组成联合体参与该项目的投标并且成功中标。

由于项目的专业性强，组织和实施模式为中信建设作为项目的 EPC 总承包商与浙江省电力设计院签订分包协议。通过此种模式，浙江省电力设计院不仅负责设计分包，而且是项目总承包商之一，这样既可以做到设计团队与施工团队的无缝对接，极大地弱化设计方面带来的风险，又便于工程质量的专业化管理。

（二）应收账款买断的融资模式

在项目中，缅方自有资金占合同额的 30%，其中包括 10% 的预付款和20% 的中间付款，对于剩余 70% 的合同额，缅方将采用远期信用证模式支付。按照对外合同的签约条件，联合体在项目建设期内自行安排资金或通过银行融资的方式解决项目资金。中信建设是联合体的牵头方，负责安排项目融资，并解决项目建设过程中资金缺口的问题。

项目部对资金缺口问题进行了专项分析，将解决资金缺口的 4 种方案做了对比，结合金融机构给出的融资方案，认为应收账款买断模式最有助于解决项目资金缺口问题，具备可操作性且兼顾经济性，所以最终选择使用某银行提供的出口信贷再融资方式完成应收账款买断，该银行在项目前期提供了契合项目需求的融资方案、项目施工期如约发放融资款、项目收款期积极配合远期信用证议付，此外，通过金融手段协助项目锁定利率和汇率风险，以全周期金融服务协助本项目保证及时收汇，规避汇率风险，加速资金回笼和改善资产负债结构。

1. 保证及时收汇

项目部取得合格的应收账款后，即可向银行转让应收账款，使得项目产值进度、业主验工计价进度和收款进度基本保持一致，保证项目完工时即具备收回项目全部工程款的条件，将业主延期 8 年支付 70% 项目款的问题及时解决，补齐资金缺口并减少公司垫资压力。

2. 规避汇率风险

项目部应收账款转让的收款币种与合同币种一致，可以规避汇率波动而产生的汇兑风险，使项目实际工程业绩和利润得到真实体现。

3. 加速资金回笼

项目在实施过程中业主延期支付的工程款将形成长期应收账款，按照合同约定，形成的应收账款将需要在完工后 8 年才能全部收回。在应收账款买断模式下，全部应收账款可以在项目完工时收回，相当于提前完成了资金收回，提高企业应收账款周转率。

4. 改善资产负债结构

项目应收账款转让的 90% 为无追索权，10% 为有追索权的敞口，此部分敞口占用中信建设在该银行的免担保授信额度。这种方式下，仅应收账款转让的 10% 进入公司负债，相比于其他融资方式，可以降低公司资产负债率，有利于改善公司资产负债结构。

（三）创新信用证开具模式

该项目由于 70% 的延期付款采用应收账款买断的方式从银行进行融资，缅甸外贸银行开具美元信用证的议付行应为该银行，但缅甸外贸银行只能将应付美元金额按照汇率折算为欧元进行支付。

经过与该银行以及缅甸外贸银行多次沟通，最终确定并同意由缅甸外贸银行开具美元信用证，议付行为该银行，接收按当时汇率折算的应付美元金额的欧元，该模式是缅甸外贸银行从未采用过的。

四、项目意义

缅甸长期面临着电力供应不足和电力基础设施落后的问题，本身的电力供应紧张加之输电网络的落后，使得电力难以稳定地输送到用户端，无法满足居民、工业和商业的电力需求，严重制约了缅甸的经济、社会发展。扩建后的贝因侬变电站可帮助仰光市增加 300 MVA 的电力供应，能承担仰光市的电力负荷，为该市 25% 的地区提供稳定优质的电力，缓解了供电压力，改善了用电质量，能在相当程度上满足地区日益增长的电力需求，进而更好地服务当地民生和促进经济发展。

贝因侬变电站扩建项目的成功实施，不仅有助于解决缅甸电力供应问题，还为中缅两国的合作关系注入了新的活力。中缅电力合作在能源领域取得的成效将为地区互联互通和合作共赢提供有力支持。

目前，缅甸全国各地用电需求与日俱增，政府负担越来越重，亟须推动电力产业发展，缅甸政府亦制定了各种电力开发方案，包括发展水电、燃气发电、风电、太阳能发电、煤电等。贝因侬变电站扩建项目的成功实施作为中缅电力合作的重要成果，也是中缅两国在民生领域合作的典范，未来有望带动中缅双方在电力及其他领域进一步加强合作，实现中缅双方的合作共赢。

（中信建设有限责任公司供稿）

科巴风电项目助力孟加拉国实现风电产业零的突破

　　科巴风电项目是国家电力投资集团有限公司（简称"国家电投"）在孟加拉国集投资、建设、运营为一体的绿电项目，是孟加拉国首个风电项目，也是国家电投所属企业五凌电力积极响应共建"一带一路"倡议、在海外践行绿色发展理念的新成果。项目实施以来，坚持采用中国设备、中国技术、中国标准建造，有效缓解当地电力紧缺问题，不断提升孟加拉国对中国风电体系的认可度，助力该国初步建立风电行业标准体系，同时带动中国风电技

图为建设中的科巴风电项目

术标准"走出去",并加强与当地各方交流沟通,架起中孟友谊进一步发展的桥梁。

一、项目概况

2017 年,国家电投所属企业五凌电力会同风机制造商远景能源,与孟方达成合作意向建设科巴风电项目。项目自 2021 年 9 月主体工程开工,装机总容量 66MW,安装 22 台单机容量 3MW 机组。截至 2023 年 4 月已完成南部风场 10 台风机建设,计划 2023 年 10 月份实现全容量并网。项目动态总投资 11651 万美元,利用小时 2196h。项目融资比例为总投资的 70%,采取境内融资机构不超过 3 年的短期贷款过渡至长期项目贷,长期项目贷拟选用中国进出口银行政策性低息人民币贷款,积极推动人民币国际化。

二、项目所在国营商环境

(一)国别概况

孟加拉国是中孟印缅经济走廊的重要组成部分。孟加拉国 1972 年建国,人口 1.67 亿,是世界上人口密度最大的国家,官方语言为孟加拉语,通用语言为英语。中孟两国关系友好,2016 年中孟建立战略合作伙伴关系。2021 年,中信保对孟加拉国的主权信用评级中等,穆迪、标普和惠誉对孟加拉国主权信用评级分别为 Ba3、BB– 和 BB–,展望均为稳定。

(二)经济环境

孟加拉国实行市场经济,推行以私营经济为主的市场化政策,以出口为导向的纺织及服装业为该国的支柱产业。孟加拉国处于经济快速增长、产业结构逐渐转型、政府政策较为多变的时期,整体经济发展势头良好。新冠疫情暴发前,实际 GDP 增速一直保持在 7% 以上。随着疫苗普及率提升和疫情控制,孟加拉国宏观经济也迎来复苏。2022 年孟加拉国名义 GDP 上升至

4650 亿美元，人均 GDP 增长至 2185 美元，实际 GDP 增速为 7.2%。随着国际合作的深入和工业化进程的推进，外资投资持续增长，孟加拉国经济仍将保持较高增速。

（三）电力市场分析

电力短缺一直制约孟加拉国的经济发展。随着电力需求持续快速增长，预计未来电力需求每年将上涨 9%—10%，政府正在力促可再生能源的开发。孟加拉国供电基本是政府调控的垂直一体化结构，主要参与者是国有企业。太阳能光伏和风电项目（目前在总装机容量中占比仅不到 1%），实行单一电量电价。孟加拉国人均用电量 512 千瓦时 / 年，仅为中国的 10%，为鼓励新能源项目发展，新能源项目批复电价普遍高于市场平均电价水平。

三、项目突出亮点和特点

（一）助力孟加拉国实现风电产业零的突破

五凌电力积极参与孟中印缅经济走廊建设，将孟加拉国作为在海外践行绿色发展理念的重点国别，投资建设科巴风电项目——孟加拉国首个风电项目。项目投产后，孟加拉国将实现风电产业零的突破，成为向国际社会展示国家电投及所属五凌电力践行绿色发展理念的代表性项目。

（二）用中国技术标准助推当地经济社会发展

孟加拉国尚无成熟的风电技术标准，科巴风电项目采用中国设备、中国技术、中国标准建造，承担着树品牌、打基础、拓市场的使命。项目主设备和重要施工设备均从中国进口，技术方案已通过孟加拉国主管部门审批。项目的设计、施工和验收标准均采用中国标准体系，带动中国风电技术标准"走出去"，提升整体国际竞争力。五凌电力致力于将科巴风电项目打造成企业的首个境外安全工程、精品工程、品牌工程，为孟加拉国经济社会发展和能源转型发展提供助力，也为风电项目的建设运营提供宝贵经验。

（三）探索新兴产业相关技术的海外试点布局

五凌电力计划依托科巴风电项目，打造孟加拉国首个综合智慧零碳电厂。拟在厂区配套建设分布式光伏、充电桩等，安装中国自主研发的综合智慧能源管控平台，打造更加科学高效的新型零碳电厂，实现中国新兴产业在孟加拉国试点布局，为更大范围地推广中国新兴产业相关技术提供一些参考性经验。

（四）架设中孟友谊进一步发展的桥梁

在项目前期、工程建设期间，五凌电力创新工作思路，与孟加拉国政府和媒体建立了互信关系。2022 年 3 月 31 日，孟加拉国国家电力能源与矿产资源部部长哈米德、国会驻科巴议员、科巴市市长，以及中国驻孟加拉国大使馆参赞刘振华参与了科巴风电项目奠基揭牌仪式，引发孟加拉国媒体广泛关注。

项目开发过程中，中方注重与孟加拉国当地员工的文化融合，与当地股东友好协商，创新管理模式，实现管理权顺利移交。2022 年，项目公司从中国高校孟籍留学生中招聘优秀毕业生，委派至五凌电力的相关风电场站实习培训。孟籍员工在项目建设过程中为征地协调、设备安装等工作做出贡献，成为中孟文化交流的桥梁，国家电投品牌的宣传者。2022 年 8 月，孟加拉国遭遇了百年来最严重的洪灾，数百万人受灾，五凌电力孟加拉事业部组织员工捐款 10 万塔卡用于救灾，树立国家电投境外履行社会责任的良好形象。

（五）带动中国企业抱团出海

五凌电力"走出去"过程中，面对地域文化差异和各种风险，积极响应国家对企业"抱团出海"的倡导，形成合力，增加抗风险能力。科巴风电项目选用的总包单位、主要分包方均为资质水平较高、经验丰富的中国企业，为中国企业"抱团出海"提供平台。五凌电力整合发挥各企业优势，在科巴风电项目实施伊始就寻求中国企业参股，在先行完成股权交割、保证资金供应、确保项目如期开工的前提下，2022 年引入山西建投国际投资有限公司参股项目。五凌电力打造的科巴风电项目，是孟加拉国第一个优质风电项目，形成了良好的辐射效应，为中国企业在孟可持续发展奠定了基础。

（六）克服疫情影响有序推进项目建设

新冠疫情期间，人员出境困难，现场工作推进缓慢，为履行项目执行协议约定，五凌电力委派团队赴现场落实开工条件。受疫情影响，海运物流、人工建材及风机吊装等价格均发生了较大幅度上涨，项目面临投资大幅上涨的风险。五凌电力会同总包方及风机供应商对设计方案进行优化，调整机型方案，克服了各类物价上涨因素带来的影响，优化后的方案投资未发生较大变化。五凌电力提前策划设备运输清关方案，与总包方精心研究分析，遴选在孟加拉国有丰富经验的物流清关公司，并积极配合其与孟加拉国港口、海关等机构协调沟通，针对性制定方案，项目主要设备均按期到港清关，保证项目建设如期推进。

四、项目经验及启示

（一）促进当地经济发展

科巴风电项目施工阶段，带动材料制造、施工安装相关产业链的发展，为当地政府创造 450 万美元的税收，施工高峰期将从当地聘请 350 名工人。项目建成投运后，年发电能力将达到 14.56 万兆瓦时，能够有效缓解当地电力紧缺问题，经营期累计创造税收约 2700 万美元。年减少煤炭消耗 4.46 万吨、二氧化碳排放量 10.92 万吨、二氧化硫排放量 25.15 吨。项目对促进孟加拉国经济发展、节能减排和环境保护发挥积极作用。

（二）培养孟加拉国新能源人才

科巴风电项目不仅提供就业岗位，而且为孟加拉国培养了一批新能源产业的人才，助力孟加拉国后续新能源项目发展。项目公司聘用当地员工参与风电建设，并选派优秀员工至中国知名大学深造，部分员工已成为业务骨干。

运维人员以本地员工为主，已完成运维技能培训，具备独立上岗条件。

（三）创造可持续发展优势效应

五凌电力以科巴风电项目的实施为契机，与孟加拉国政府建立了良好关系。孟加拉国正处于能源结构转型的窗口期，新能源发展空间较大，科巴风电项目的有序推进有利于五凌电力获取后续优质项目资源。科巴风电项目引入的中国技术、中国标准、中国设备，抢占了该国风电产业的投资先机，提升了孟加拉国对中国风电体系的认可度。多种优势的聚集，有利于中国企业及风电产业在孟加拉国市场的可持续发展。

（国家电力投资集团有限公司供稿）

札纳塔斯风电项目
打造绿色能源合作的样板

哈萨克斯坦札纳塔斯 100 兆瓦风电项目是中哈产能合作清单重点能源项目之一，也是哈萨克斯坦首个 100 兆瓦以上大型风电项目。2016 年 2 月 26 日，札纳塔斯瓦风电项目列入中哈产能合作清单，2018 年 6 月 11 日中哈两国领导人见证了项目投资意向协议的签署，2019 年 7 月 15 日正式开工建设，2021 年 6 月 20 日实现全容量并网。截至 2023 年 6 月 30 日，该项目累计发电量 9.89 亿千瓦时，对改善哈萨克斯坦的能源结构、民生环境、保障电力供应产生了较为深远的影响。

该项目在构建中哈命运共同体的目标和愿景的引领下，以能源保供激活绿色"动力源"，以电力工程铸就发展"稳定器"，以多元合作打造共赢"朋友圈"，以真情凝聚深植友谊"常青树"，为续写中哈友谊新篇章贡献了央企力量。

一、项目概况

（一）总体情况

札纳塔斯瓦风电项目位于哈萨克斯坦南部江布尔州的札纳塔斯地区，由中电国际和哈萨克斯坦维索尔投资公司共同投资，中国电力受托管理，是中哈产能合作能源板块的里程碑式项目，也是中亚装机容量最大的风电项目。在共建"一带一路"倡议同哈萨克斯坦"光明之路"新经济政策深度对接下，该项目已成为中哈产能合作加速推进的一个典范。

（二）建设过程

2016 年 2 月 26 日，札纳塔斯风电项目正式进入中哈产能合作清单。

2018 年 6 月 11 日，中哈两国领导人在上合峰会中哈企业家委员会第五次会议上见证签署项目投资意向协议；7 月 6 日，项目合资协议在阿拉木图签署。

2019 年 7 月 15 日，札纳塔斯风电项目正式开工建设。

2020 年 9 月 30 日，首台风机正式并网发电。

2020 年 10 月 26 日，项目融资协议签署落地。

2021 年 6 月 9 日，完成全部 40 台风机吊装；6 月 20 日，实现全容量并网。

（三）未来目标

展望未来，札纳塔斯瓦风电项目一是致力于做优存量，保障电力供应，加强日常运维，合理安排风机年度检查，及时消除设备隐患，减少电量损失，

图为札纳塔斯 100MW 风电项目首台风机吊装成功现场

不断提升机组发电效能，以稳定高质的电力供应为当地生产生活水平提高奠定基础。

二是推进低碳环保，做强增量，稳步发展新的清洁能源项目，持续关注气候变化与生态保护，为哈萨克斯坦人民提供更多的清洁电力，培育低碳环保的社会风尚。

三是促进民心相通，与当地政府、企业、社会组织建立常态化沟通合作机制，继续推进民心工程，为当地医疗、民生、公益事业作出贡献，帮助当地民众提高生活质量，促进中哈两国文化交流，助力推动两国关系行稳致远。

二、项目意义及影响

（一）缓解区域性电力供需矛盾

哈萨克斯坦传统能源占比高，其总发电量中火力发电超过 8 成，7 成以上电力供应来自煤矿和燃煤电厂集中的北方地区。但其人口大部分聚集在南部地区，南部城市电力消费量约占全国的 70%，需从北部远距离输送，而哈萨克斯坦缺少特高压输送线路。

南部的江布尔州和奇姆肯特地区尚没有大型发电厂，该项目可满足当地 20 万户家庭的用电需求，有效缓解南部电力供应压力，推动优化哈萨克斯坦电力供应格局。

（二）推动可再生能源发展

哈萨克斯坦可再生能源发展潜力大，据联合国开发计划署估算，其风力发电潜能高达每年 9200 亿千瓦时，南部地区风力资源尤其丰沛。据哈萨克斯坦政府规划，到 2025 年可再生能源发电量占比将从 3% 提高至 6%，2030 年达到 10%，2050 年提高至 50%，2060 年前实现碳中和目标。札纳塔斯风电项目预计每年可节约标准煤 10.95 万吨，减少二氧化硫排放量 1031 吨、二氧化碳排放量28.9万吨和氮氧化物934吨，为哈萨克斯坦能源体系"去碳化"发挥示范引领作用。

（三）促进国际能源产能合作

中哈两国在共建"一带一路"倡议下的合作不断深化，在产能合作、国际贸易和投资上积累了丰富的经验并奠定了良好基础。其中，能源行业是两国合作的重点领域。国家电投希望，以札纳塔斯风电项目为起点，助力将中亚地区打造为风电、光伏等绿色可再生能源的大通道。

（四）提高当地就业水平

项目建设期，通过招聘当地技术工人提高当地就业率，项目建设高峰期用工500多人。进入运营期后，能够为当地提供数十个长期稳定就业岗位。随着公司可再生能源项目的快速发展，就业岗位数量将在未来数年内进一步增加。

三、项目突出亮点

（一）能源保供激活绿色"动力源"

札纳塔斯瓦风电项目以可靠电力供应支持哈萨克斯坦经济社会发展，以绿色能源供应助力哈萨克斯坦"碳中和"目标落实，以清洁能源为纽带推动中哈产能合作。

为保障项目稳定运行和电力可靠供应，公司编制运行、检修、安全三大规程、6个相关手册，形成100余份操作票、10余项安全运营管理制度，自商业运行以来，未发生一般及以上设备事故、质量事故、责任事故。

札纳塔斯地区天气多变、风速变化较快。公司根据区域风速、风向、气温、空气湿度等参数变化规律，综合应用天气预测、参数监控、故障预警、动态管理等手段，建立"弹性设备维护计划"。风小时"见缝插针"开展设备维护，确保不因设备停机维护而影响风机发电。

在冬天覆冰期，为缩短风机覆冰时间争发电量，通过提前试启风机，让转动瞬间带来的振动将冰块振下，以此在覆冰超过15天的2022年1月，"抢"出2500万度电量。

为保障居民健康生活，项目确保风机运行频率在正常工作频率内（50赫兹），确保升压站四周和风力发电机附近电场强度、磁感应强度对人体和环境不会造成危害。

（二）电力工程铸就发展"稳定器"

札纳塔斯瓦风电项目从生产建设到运营管理，始终坚持质量与安全并重，注重打造可靠的电力能源基础设施，为绿色能源筑牢工程根基。

项目引入国际业主工程师，发挥其专业管理能力提高项目执行效率；由中国一流设计院设计，通过当地设计院结合当地规范转化工程设计，推动中哈技术融合，确保工程质量同时满足两国建设标准。

2020年，在项目建设的关键时刻，新冠疫情暴发，中哈边境关闭，风电设备物流通关受到严重影响。项目部安排专人常驻物流口岸，股东方积极协调中哈两国高层政府，以最快速度打通项目大件设备清关全流程渠道，确保了项目物资及时到位。

项目制定《质量管理实施细则》，严格遵循施工规范和方案；制定《生产准备大纲》，列出生产准备计划50余项，保障有序生产；坚持安全管理，发布"三大责任体系"文件，逐级分解落实安全、质量和环保等专项措施，共修编安全生产责任管理、"两票"管理等22项制度；强化应急管理，全员参与完成集团公司境外安全应急知识线上培训，根据集团公司境外高风险地区安防建设指引，加强各类物防、技防布置，升级应急预案。

项目还注重经验总结，全面梳理建设过程中遇到的安全、设计、用工、资源调配、承包商管理等问题，分析处理方法，形成一套符合当地实际的管理方法，为后续项目建设提供有力支持。

（三）多元合作打造共赢"朋友圈"

札纳塔斯瓦风电项目坚持平等互利、合作共赢理念，切实回应产业链上下游各方利益诉求与期望，推动形成广泛的"朋友圈"，力争在多方共赢的合作生态中，实现综合价值最大化。

项目高度重视携手伙伴共创价值。与工程设计、设备供货、周边交叉作业等产业链合作伙伴积极协调解决问题，有效保障了项目建设稳步推进；加强与供电公司的沟通和交流，在提升送出电能质量品质的同时，提高电量计划申报的准确性；与中国驻哈使领馆、哈萨克斯坦各级政府机构等多层面沟通协调，及时了解相关政策的变动，做到提前预警、合理规避，项目现场秩序平稳，避免群体事件发生。

札纳塔斯风电项目是中国电力与国际多边金融机构合作的首个境外项目，也是亚洲基础设施投资银行支持中国企业走出去的第一个项目。项目融资引入亚洲基础设施投资银行、欧洲复兴开发银行等国际多边金融机构，其成本和年限都更为优惠，但其对项目的技术、合规、环保、风险担保和社会责任履行都有更高的要求。针对审查中的核心问题，项目列出六十余条行动举措进行攻关，克服多项国内外政府审批、相关方的权益转让等难点，全面落实四十余项放款前置条件最终成功签署项目融资协议，打通了集团公司与国际多边金融机构的合作渠道，为项目建设投产夯实了资金保障基础，成为企业采用"有限追索的项目融资"的成功之作。

项目坚持以人为本，成长与共。一是关注员工诉求，通过征集合理化建议，了解员工对公司、职业发展、生活等各方面意见和建议，并及时回应员工诉求，开展员工关爱，保障员工福利。二是提升员工专业技能，制定各类系统的培训计划共计5大项、20余小项。

为高效培训属地员工，采用"结对子"方式，选择学习能力较强的哈方学员，量身打造专项培训方案，并通过他们带动其他学员共同学习，提高哈萨克斯坦员工整体技能水平。中哈员工也在"结对子"中培养了深厚的友谊。

（四）真情凝聚深植友谊"常青树"

札纳塔斯瓦风电项目主动融入当地人文环境，与地方政府、社区共建基础设施和公共服务设施，通过两国跨文化沟通交流，持续增进项目与当地居民之间的友谊，凝聚同心发展的共识与合力。

一是帮扶困难群体。联系市政府，逐户走访贫困家庭，捐助基本生活物资与防疫物资；为残障妇幼家庭修缮住房；严冬来临前，完成所有保障性住房修缮，保障特困及多子女家庭的基本生活。

二是改善基础设施。联合市政府为民众修建5000平方米的林荫公园，已成为札纳塔斯市新地标，为当地2万多居民开辟更舒适的休闲环境；重建的阿克布拉克泉游泳池也已完工并投入使用，为居民健康生活再增新福利。

增进青年友谊。三是增进沟通互动和文化交融。2022年7月8日，中哈建交30周年之际，项目视频连线阿里法拉比哈萨克民族大学孔子学院，联合举办"携手绿色能源·共创低碳未来"专题座谈。向孔子学院师生介绍发展清洁能源的意义、哈萨克斯坦清洁能源发展潜力、当前公司发展情况等内容，并围绕"低碳未来"话题互动交流，不仅传播了低碳发展理念，还增进了中哈青年的友谊，激发了两国青年们对美好未来生活的憧憬。

2022年5月15日，项目举办以"低碳赋能美好生活"为主题的首届企业开放日，邀请了当地州市官员、部族首领、中学师生代表、媒体等，加强社会各界对项目的理解和认同。此次活动还促进了新项目开发，实现储备超过500兆瓦待签容量。

（国家电力投资集团有限公司供稿）

NK/JC 水电站：
共建绿色丝绸之路的标志性项目

阿根廷圣克鲁斯 NK/JC 水电站项目（简称"NK/JC 水电站"）位于阿根廷圣克鲁斯省，总装机容量 1310MW，由中国能建葛洲坝集团与阿根廷当地公司组成联营体承建，2015 年 2 月 15 日开工，截至今年 8 月底已累计完成合同金额的 53.1%，建成后有望显著提升阿根廷电力供应并改善能源结构。

NK/JC 水电站是中阿企业共建绿色丝绸之路的标志性项目，实现了国际合作、环境保护、社会效益在项目上的有机结合，将对阿根廷电力供应、经济发展以及中国企业的国际形象产生深远影响，可为类似项目提供值得借鉴的经验。

一、项目概况

NK/JC 水电站位于阿根廷圣克鲁斯省中南部的圣克鲁斯河上，由两个在同一河流相距 65km 的 NK 水电站和 JC 水电站组成，项目总装机容量 1310MW，另有一条 173km 的 500KV 输变电线路。中国能建所属葛洲坝集团、阿根廷 EISA、阿根廷 HIDROCUYO 公司组成联营体，于 2013 年 10 月签署合同，合同类型为 EPC+FM。项目设计由加拿大斯坦泰克和中水北方负责。2014 年 7 月，在中阿两国元首共同见证下，阿根廷经济部与中方银团签署融资协议。国家开发银行牵头中方银团提供融资，中信保提供担保，项目业主

图为 JC 大坝导流工程

为阿根廷能源公司，工程师单位为拉普拉塔大学工程系。2015 年 2 月 15 日，项目正式开工。

截至 2023 年 8 月底，项目累计完成合同金额的 53.1%。其中，JC 电站主要进行主体混凝土施工、土石方开挖回填等施工，NK 电站主要进行土石方开挖回填、稳定回填以及廊道明挖段混凝土浇筑等施工。

二、项目所在国营商环境

（一）电力等基础设施情况

阿根廷国会于 2015 年通过 27191 号法律，确定了到 2018 年底新能源发电在阿根廷电力结构中占比 8%（预计新能源装机容量达 3GW）、到 2025 年底新能源占比 20%（预计装机容量达 10GW）的发展目标。

输变电方面，根据当地媒体在 2020 年 7 月披露的《能源电力基础设施五年计划》，阿根廷政府计划新建高压、超高压输电线路超 4000 公里，预计投资金额超 43 亿美元。此外，计划对现有变电站进行升级改造，预计投资金额超 4 亿美元。

阿根廷拥有拉美第三大电力市场，近年来电力消费量强劲增长，夏季用电高峰期易出现用电紧张情况，加之阿根廷电力网络较为脆弱，高压输电线路远不能满足能源运输需求，用电高峰期易出现电力系统崩溃。

其他基础设施方面，2020 年 3 月，阿根廷政府推出国家公共工程发展计划，拟投资 85 亿美元推动陆路、水路等基础设施建设联通。2020 年 4 月，阿政府推出国家公共工程发展计划二期，计划激活 270 个公共工程项目，拉动 400 亿美元投资。

（二）外商投资环境

阿根廷近年来实行了一系列投资优惠政策，包括项目费用抵扣、税收减免、融资便利、提前折旧等。外资可基本不受限制地申请并享受相关投资优惠政策，并享受与本国企业同等的国民待遇。

阿根廷保障外国人投资权利的法律依据是阿根廷宪法和 1993 年颁布的第 1853 号法令。与投资者有关的法律还有《商业公司法》《民法典》《商法典》等。《商业公司法》《民法典》和《商法典》允许外国投资者选择各种形式的投资。

（三）劳务准入

阿根廷不鼓励引进劳务，但只要遵守移民法相关规定，理论上对外国劳务和外国人在阿就业没有限制。如要聘用外籍劳工，雇主必须与外籍雇员签订劳动合同，并经阿根廷公证人公证。外籍雇员入境后应遵守阿根廷有关劳动法律，并依法缴纳社会保险。如符合某些特别的法律条件或有关国家就此与阿根廷签有对等的国际条约，则该国外籍雇员可免缴社会保险金。

三、项目突出亮点

NK/JC 水电站地处阿根廷南部巴塔哥尼亚高原，境内拥有大量的国家公园和自然保护区，距离工地 100 多公里外就是有 20 万年历史的莫雷诺冰川，保护周边生态环境成为项目设计和实施的重要课题。NK/JC 水电站的建设者们凭借丰富的经验和先进技术，在环境和生态保护方面都做了大量工作，避免项目建设对当地生态环境产生不良影响。

（一）严格开展环评工作

NK/JC 水电站正式开工前进行了充分的环评准备工作，环评工作按照营地道路、大坝主体这两大部分，分四阶段对工程环境影响进行充分评估，获取政府审批、召开环评听证会。2015 年 12 月工程主体施工环评顺利通过。

此后，由于政府换届及环保组织诉讼等原因，项目部又积极配合业主提交了环评补充报告材料、环境履责更新报告，多次参与政府组织召开的听证会，项目始终严格履行合同义务和环境保护责任，环评再次获得通过，维护了中企良好形象。

（二）施工过程重视人与自然和谐共生

为避免影响上游莫雷诺冰川，NK/JC 水电站采取了降低大坝蓄水高度的设计方案，坝高降低 2.4 米并建造水流防护，同时保持了原有设计发电能力。水电站设计还保留了鱼道、生态放水底孔等，避免工程建设对当地生态环境产生影响。

（三）全流程监督环境管理计划

在施工过程中，项目部制定了严格、庞大的环境管理计划，定期组织对计划执行情况进行监测和记录。现场监理介入到环境管理计划执行情况工作之中，定期对项目垃圾处理、污水排放达标等情况进行检查。同时，项目部定期向当地政府报送报告，政府对项目环境管理进行把关，根据项目环境保护计划的执行情况，对项目相关的环境资质进行更新。

（四）与外部专业机构展开合作

根据项目合同条款规定，项目环境管理计划涉及水文地质、动物保护、鸟类监测、鱼类保护、植物学研究、古生物研究、考古学等众多方面。为全方位做好环境保护管理，项目部在安排专职管理人员同时，聘请知名第三方专业机构进行合作，保证相关研究的专业性和客观性。截至目前，项目部在环境保护方面合作的第三方服务商有 15 家，已签订服务合同 42 份，资金投入超过 4000 万元。

四、项目为所在国及相关方带来多重收益

（一）环境效益

项目建成后年平均发电量可达 49.5 亿度，阿根廷电力装机总容量将提升约 6.5%，可以满足约 150 万户阿根廷家庭的日常用电需求。同时，将替换阿根廷现有的部分燃油发电机组，每年为节省近 11 亿美元的油气进口开支，有效助力阿根廷改善能源结构，甚至可以实现对巴西、巴拉圭等邻国的电力出口。

（二）社会效益

NK/JC 水电站开工以来，已与 300 多家当地供应商进行合作；目前在册阿根廷员工 2900 余人，其中超过 70% 是圣克鲁斯省当地人，预计在建设高峰将达到 5000 人，可创造间接就业岗位约 12000 个，项目实施可为解决就业、改善民生等方面作出实实在在的贡献。

同时，带动了周边地区钢铁、物流、餐饮、机场等相关产业的快速发展。为项目提供融资的银行在 NK/JC 水电站沿线开设了网点，项目部修建的道路让交通变得通畅，当地的旅游项目获得发展。

（三）理念融合

为了促进中阿双方及项目相关各方的理念融合和目标统一，一是确立

了"以中方为主导，以阿方为主体"的项目实施理念，充分发挥中方在联营体的牵头作用，协调业主建立"1+6"的圆桌会议机制，加强项目进度计划、安质环、商务等管理；二是定期与当地政府、工会等相关方高层沟通，争取广泛支持，加大项目协调力度，加快项目履约进度；三是推动业主通过调整监理结算模式，将监理结算与项目进度挂钩，激发监理的监督作用；四是通过建立共管机制，促进各方转变观念，更好发挥主体作用，加快推进项目实施。

（中国能源建设集团有限公司供稿）

"丝路明珠"中白工业园以产业联通欧亚大陆

中白工业园位于白俄罗斯首都明斯克,是中白两国元首亲自推动的共建"一带一路"重点项目。如今,中白工业园已成为一个涵盖机械设备、电子通信、新材料、新能源、生物医药、金融服务等行业的高新技术园区。截至2023年上半年,已有来自16个国家和地区的109家企业入驻中白工业园。其中,中资企业49家,白俄罗斯企业39家,欧美及其他资本企业21家。

新形势下,中白工业园坚持"高标准、可持续、惠民生"的发展目标,

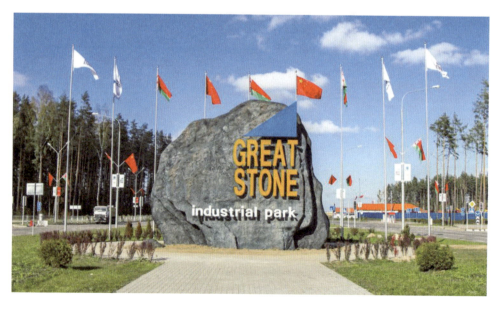

图为中白工业园入口

瞄准"产业化、国际化、数字化、生态化"高质量发展方向，积极探索"以贸促展、以展促销、以销促产"联动发展新思路，力求实现园区健康可持续发展。

一、项目概况

中白工业园位于白俄罗斯首都明斯克市郊，占地总面积91.5平方公里。作为中白两国元首亲自推动的共建"一带一路"重点项目，中白工业园是目前中国参与投资开发的规划面积最大、建设规模最大、合作层次最高的海外经贸合作区。

（一）两国上下全力推动，园区发展凸显"中国速度"

2010年10月，中白双方签署《关于在白俄罗斯共和国境内建立中国－白俄罗斯工业园区的合作协议》。白俄罗斯总统卢卡申科亲自为这座园区命名为"巨石"工业园，意在将其打造成为中白合作的友好基石、白俄罗斯提升综合国力的发展基石。

2013年，园区确立整体规划；2014年夏，园区正式奠基；2015年5月，具有中国园区建设运营综合优势的招商局集团正式入股中白工业园，园区实质性建设发展按下了"快进键"。

2015—2017年是中白工业园的建设期。招商局集团派出领导干部和专业管理团队赴一线开展工作。到2016年底，3.5平方公里起步区完成"七通一平"和市政设施配套建设，写字楼、标准厂房、仓储中心建成完工。园区从原始森林到显现雏形，仅花费短短两年时间，"中国速度"受到白俄建设者和民众的广泛称赞。

（二）筑巢引凤，开发建设与招商引资并进

2018—2019年，中白工业园继续加大基础设施建设，同时紧抓招商引资工作，进入开发建设与开发运营并进的发展阶段。截至2021年底，园区已建成标准厂房9栋，总面积84753平方米。招商局商贸物流园项目率先建成71000平方米的仓储中心、21000平方米的物流交易展示中心、6500平方米的商务中心并全部投入运营。此外，在中国支持下，园区先后建成110千伏电站、乌沙河污水处理改造工程、156套公寓的第一栋园区住宅楼及1.9万平方米的科技成果转化中心，并全面投入使用。

招商引资、产业聚集是园区开发建设的关键。按照高科技产业园的定位，白方对意向入园企业执行严格的行业审核。然而，高新技术产业对技术和资金高度依赖，在工业园起步阶段难以形成规模和聚集人气。针对入园企业定位问题，中白双方共同梳理出7大类47个白方急需、最具合作潜力的产业领域。在此基础上，相关单位和部门优化了国际化招商策略，加大国际化精准宣介力度，特别是利用中国国际进口博览会等重大平台支持园区宣传推介，开创了招商引资新局面。

截至2023年上半年，中白工业园已有来自16个国家和地区的109家企业入驻。其中，中资企业49家，占45%；白俄罗斯企业39家，欧美及其他资本企业21家，协议投资总额13.476亿美元。

（三）坚定高质量发展目标、实现可持续开发

2020—2021年，中白工业园努力克服新冠疫情影响，抓住疫情下中医药产业"走出去"机遇，于2021年3月成功推动首家研发生产抗疫中成药的企业注册入园，其产品"清疫胶囊"也获得白俄政府紧急医疗批号，成为两国在医药健康领域深化合作的重要成果。

如今，中白工业园已成为一个涵盖机械设备、电子通信、新材料、新能源、生物医药、金融服务等行业的高新技术园区。新形势下，中白工业园将以"产业化、国际化、数字化、生态化"为高质量发展方向，深挖新兴业务机会，务实拓展电商、大数据、原材料贸易等创新业务，积极探索"以贸促展、以展促销、以销促产"联

二、项目所在国营商环境

白俄罗斯地处欧洲中心，是俄罗斯和中亚国家联系欧洲的重要通道，是丝绸之路经济带的重要节点，东西连接欧亚经济联盟国家和欧盟国家，具有辐射 6.8 亿人口巨大市场的潜力。

（一）中白双边关系不断升级

2022 年 9 月 15 日，中白两国元首在乌兹别克斯坦撒马尔罕出席上海合作组织成员国元首理事会第二十二次会议期间举行会晤，决定将双边关系提升为全天候全面战略伙伴关系。中白双方还发表了《中华人民共和国和白俄罗斯共和国关于建立全天候全面战略伙伴关系的联合声明》并签署关于科技、司法、农业、电子商务等领域合作文件。

2023 年 3 月 1 日，白俄罗斯总统卢卡申科来华进行国事访问。中白两国元首共同签署《中华人民共和国和白俄罗斯共和国关于新时代进一步发展两国全天候全面战略伙伴关系的联合声明》，指出要充分发挥两国政府间合作委员会作用，扩大经贸合作，建设好中白工业园，推进中欧班列等互联互通建设合作，拓展地方合作，密切人文交流，让中白友好更加深入人心。

（二）投资政策不断优化

白俄罗斯政府高度重视中白工业园的发展，曾先后在 2012 年、2014 年、2017 年、2021 年和 2023 年为中白工业园发布五次总统令，即以最高层级的法律形式确定园区发展的相关政策法规。

2021 年 6 月，白俄罗斯总统卢卡申科签署了第四版有关中白工业园发展的总统令，总统令重点在园区基础设施维护补贴、吸引初创企业、包括中医药在内的生物医药产业发展等多个方面提供了新的法律支持。2023 年 6 月，卢卡申科签发的新版总统令进一步简化了医疗服务的提供条件，为在中白工业园区开展医疗活动创造更好条件。

三、项目亮点及特色

（一）完善的三级管理架构

中白工业园管理体制分为三级，第一级为中白政府间合作委员会，是中白工业园最高协调管理机构，协商决定中白工业园重大事项；第二级为中白工业园管委会，直接隶属白俄罗斯政府，为中白工业园行政管理机构，负责行政审批事项和园区行政管理；第三级为中白工业园开发股份公司，由中白双方合资建立，负责园区开发、运营和管理。

（二）管委会实行一站式服务

借鉴中国工业园区做法，2018 年中白工业园管委会建成了一站式服务中心，统一办理入园企业事项，为入园企业提供便利。

（三）中白合作制定法律法规

应白方邀请，中国商务部组织成立由中白两国专家参加的总统令修改专家工作组，借鉴中国园区开发建设案例，共同探讨法律法规修改，使更新后的有关中白工业园发展的总统令更加完善，受到投资者欢迎。

（四）加快海关便利化改革

白俄罗斯以发展外向型经济为主。对此，中白工业园大力发展跨国物流，积极推动白俄罗斯海关便利化改革，建立公共保税区。目前，中白商贸物流园已经全面开展清关、查验、保税仓储等业务。

四、项目效益和经验

（一）授人以渔，拉动东道国经济增长

中白工业园的发展直接有效拉动了白俄罗斯经济增长。根据白俄罗斯国家统计委员会公布数据，2022 年 1—6 月，园区居民企业的工业总产值同比增长 41.7%，达 1.946 亿卢布；固定资产投资额较同比增长 36%，达 6260 万卢布；货物、工程、服务的销售收入同比增长 73.7%，达 2.824 亿卢布。其中，白俄罗斯外销售收入同比增长 57.8%。同时，园区企业总体净利润实现盈利，达 3450 万卢布；园区企业缴纳税费等增长 92.3%，达 2900 万卢布，创造就业岗位 2043 个，产品出口辐射 25 个国家和地区，出口额增长 17%。

（二）环保赋能，坚持绿色低碳发展思路

中白工业园一区 855 公顷总规划面积中，将 139.94 公顷设为生态原驻民保护区，占 16.3%；同时，工业园一区生态绿化率达 37.23%，高于控规标准 12.28%。此外，园区重点关注水资源保护，生产污水处理率始终保持在 100%，切实保护水资源不受污染。

（三）拓新业务，深化两国数字及绿色生态合作

中白工业园大力发展"丝路电商"。2022 年 7 月 6 日，由白俄罗斯政府官方独家授权、园区开发公司与入园企业优矩互动公司合作开设的"白俄罗斯国家馆"入驻抖音、京东等平台。截至 2023 年 5 月 23 日，抖音粉丝人数已破 93.9 万，获赞 383.8 万。据统计，2022 年，该国家馆项目累计销售额达 893 万元人民币。

同时，中白工业园积极推动大数据项目落地，还大力发展绿色生态业务。园区开发公司以白俄罗斯泥炭为绿色生态主打产品对接中国市场需求。2022 年 9 月 22 日，中白首列泥炭班列从白俄罗斯顺利发运至中国。

（四）温暖民心，履行企业社会责任

中白工业园建设者积极助力改善当地生活条件，提升当地居民生活水平。

2016 年以来，园区建设者面向当地社会发起多项公益活动，如帮助园区内原居村民修建村内柏油路，解决了村内长年出行不畅问题，被村民亲切地称为"中白友谊路"；参加儿童肿瘤中心慈善活动、定期慰问莫吉廖夫 SOS 儿童村孤儿群体，捐赠 11 台取暖锅炉，改善儿童生活条件；向当地医院捐赠价值 10 万美元医疗救护车以及价值 10 万美元的医疗手术设备，改善当地

民众医疗健康保障条件。此外,园区建设者还致力于植树造林,在园区开辟"中白友谊硕果园";开展小牛村水果公益收购活动,为居民创造经济收益等。

2020年,新冠疫情肆虐全球,作为中白工业园股东方,招商局第一时间向白俄罗斯捐赠价值30余万美元的医疗物资,并组织旗下企业中国外运主动提供高效专业物流服务,承运了百余吨援白防疫物资,与白方守望相助,共克时艰。

(招商局集团有限公司供稿)

科伦坡港口城：
中斯共建特区共谋发展的样本

　　斯里兰卡科伦坡港口城项目是中斯两国共建"一带一路"代表性项目，是斯里兰卡历史上外商投资单体规模最大项目，也是共建"一带一路"倡议与斯里兰卡国家发展规划深度对接的成果。未来，将被打造成为立足斯里兰卡，服务南亚区域，以信息技术、离岸金融、航运物流、专业服务、信息教育、休闲旅游等现代服务业为核心的经济特区、金融中心和产业新城，曾被美国《福布斯》杂志评选为"影响未来的五座新城"之一。

图为港口城项目远景

一、项目概况

斯里兰卡科伦坡港口城项目是斯政府特批的直属斯总统管辖的超大型战略发展项目,并给予长达整个项目开发周期(25年)的免税政策。港口城项目是融填海造地、城区开发、产业导入、城市运营等为一体的大型综合性境外基建PPP项目,为斯里兰卡首都科伦坡打造的全新中央商务区(CBD)。

中交集团所属中国港湾负责项目的投融资、规划、建设,包括港口城内所有市政设施的配套施工,并获得116公顷商业土地99年租赁权(其中20公顷租期为60+99年)。斯里兰卡政府负责提供项目施工和环境许可证,并提供项目外围市政基础设施配套工作。项目通过填海造地形成土地面积269公顷(相当于科伦坡原市区面积7%),其中可用于商业开发土地178公顷,规划建设规模达630万平方米。

二、项目所在国营商环境

(一)国别情况

斯里兰卡旧称锡兰,地处南亚印度洋中枢,是连接东西方海上商贸的东方十字路口。国土面积65610平方公里(大小相当于海南岛的2倍),全国人口约2200万,僧伽罗族占74.9%,主要信奉佛教,泰米尔族占15.4%,主要信奉印度教。

政治制度方面,2022年7月,拉尼尔·维克拉马辛哈当选斯里兰卡新一任总统。随着新一届政府采取积极措施应对当前困难、缓解债务负担,国内政局趋于稳定。依托海上贸易战略区位及与周边国家的良好外交及经贸关系,积极推进基础设施和城市建设、吸引外资、鼓励产业发展。

经济方面,2023年3月,斯里兰卡政府与IMF就债务谈判取得重大进展,IMF执行董事会批准了斯里兰卡扩展基金机制(EFF)安排。经济主要以第三产业为主，交通运输、批发零售、房地产、金融服务、酒店餐饮、旅游业、专业服务占有重要地位，海外侨汇收入、FDI 投资及出口贸易是斯里兰卡主要外汇收入来源。

（二）廉洁环境

斯里兰卡的国家清廉指数居世界中流水平，主要反腐败法律包括《刑法典》和《反贿赂法》。根据1958年第40号法案，司法部成立了反贿赂专员局。作为南亚小国，斯经济体量较小（2020 年，GDP 约合 807 亿美元），产业发展水平不高，工业基础薄弱，产业链供应链需进一步完善，办事效率有待提高、营商环境有待改善。尽管如此，作为南亚航运枢纽，斯里兰卡区位优势明显，航运、物流和海外仓等投资潜力较大。

（三）外商投资环境

斯政府对外国投资方式没有任何限制，鼓励外国企业或自然人在斯设立代表处、分公司、子公司、有限责任公司等，鼓励以 BOT、PPP 等方式参与当地的基础设施建设，参与除部分限制领域外的任何产业投资。《斯里兰卡宪法》规定私人和外国投资不容侵犯，宪法规定保护外国投资不被国有化；必要时可对外国投资实施国有化，但将给予及时和足额的赔偿；确保投资和利润的自由汇出；可通过《国际投资纠纷解决公约》处理争端。

（四）项目所在地概况

科伦坡港口城是斯里兰卡政府特批的超大型战略发展项目，致力于将其打造成一个"离岸经济特区"，突破当前法律体系，为项目量身打造专门的《港口城经济委员会法案》，提供整个斯里兰卡最有竞争力的投资便利和税收优惠政策（如超低税率、资金自由进出、专门的商业法庭和争端解决中心、特殊的人才引进政策、离岸业务许可等），以吸引全球投资者。同时，为港口城设立专门的政府管理部门直接归属总统管辖。在港口城中，斯里兰卡政府还将重点打造科伦坡国际金融中心，拟将斯投资局、证监会、证券交易所等重要金融机构迁入港口城，作为南亚地区整体对外的金融窗口，填补迪拜国际金融中心和新加坡国际金融中心之间的空白。

三、项目突出亮点和特点

（一）共建"一带一路"倡议对接斯里兰卡"2030愿景"

科伦坡港口城项目是共建"一带一路"倡议与斯里兰卡国家发展规划深度对接的成果，体现了两国之间较高的政策沟通水平。共建"一带一路"倡议高度契合了斯里兰卡此前提出的国家"2030愿景"。中交集团以中斯两国战略为契合点，主动对接，多次邀请斯政府官员、议员组团到中国上海浦东、深圳前海等地考察参观，学习中国改革开放和特区发展经验。深受触动的斯里兰卡政府高层决心启动港口城项目，建设"斯里兰卡的深圳和浦东"。2014年9月，在两国领导人见证下，港口城项目动工。

（二）高品质打造"一带一路"上的中国名片

港口城是中国企业首次在海外实施的集填海造地、土地开发、基建配套、城市运营于一体的大型城市综合开发项目，定位高、规模大、周期长、创造就业多、带动中国优势产能"走出去"，体现出中国企业在海外市场正向产业链高端迈进。项目采用了多项创新技术工艺，形成了"复杂形态下人工岛总体布置""印度洋强涌浪环境下半开放式陆域形成一次成型施工技术"等一系列创新成果，打造了海外精品工程，提升了中国交建海外品牌形象。项目的控制性详细规划获新加坡景观建筑师协会举办的2017年度竞赛银奖。2020年7月，港口城项目被ENR杂志（《工程新闻记录》）评选为"全球机场/港口类最佳项目奖"，成为斯里兰卡历史上首个获得该奖项的工程。

（三）中斯联手打造"经济特区"样本

科伦坡港口城是中斯共建"一带一路"倡议的重点项目，也是斯政府特批的直属斯总统管辖的超大型战略发展项目。斯政府成立了科伦坡港口城经济委员会，专门负责协调涉及港口城的相关工作，并突破当前法律体系，致力于把港口城打造成"经济特区"、离岸金融中心。已通过斯议会审批生效的法案明确，允许进驻港口城的企业开展离岸金融业务，并享有税收优惠、外汇管制赦免等一系列具有国际竞争力的优惠政策和"一站式"便利营商服务，港口城将成为中资企业与所在国政府联合开发的第一个"经济特区"。

（四）项目形象与国家形象同步传播

中交集团坚持项目建设与舆论引导同步实施、企业项目形象与国家形象同步传播，通过做好港口城项目国际传播，对外讲好生动、鲜活的"一带一路"建设故事。2019—2023年，项目连续五年入选中宣部、国资委"国际传播能力建设计划"，成为中央企业开展国际传播的典型。项目开设了Facebook、Twitter、LinkedIn等海外社交媒体账号，总粉丝数超过49万，在中企海外项目中位居前列。

四、项目经验及启示

（一）促就业惠民生，构建利益共同体

项目的投资建设能为斯里兰卡提供超过40万个就业岗位，建成后能满足超过20万人在此工作生活，有助于进一步提升当地民众的生活水平，并能为斯里兰卡吸引超过97亿美元的外国直接投资，为斯政府增加超过50亿美元的财政收入。

项目公司持续履行企业社会责任，开展了"渔民改善计划""民族团结环岛行""美丽沙滩""扶贫工程"等系列活动，积极主动传播中斯建设者好声音，促进中斯文化融合，改善项目生态环境，构建了更大范围的利益共同体。

（二）整合全球资源，打造产业合作示范区

科伦坡港口城的定位不局限于建设一个"斯里兰卡城"或"中国城"，

而是一个"世界城"。中交集团坚持开放包容理念，致力于将港口城打造成一个开放型的合作平台，整合全球最优质资源参与项目建设，吸引全球投资商共同推动项目开发。例如，国家开发银行负责项目融资和国际金融中心政策咨询，中国交建负责陆域吹填、水工工程等高难度项目施工；世界知名咨询公司瑞典SWECO负责项目概念规划，世界知名规划公司新加坡盛裕负责项目控制性规划，斯里兰卡普华永道团队为项目提供财务咨询服务，英国品诚梅森律师事务所为项目提供法律顾问服务等。未来，港口城将积极吸引全球优质产业进驻，打造"一带一路"产业合作示范区。

（中国交通建设集团有限公司供稿）

河钢集团收购斯梅德雷沃钢厂
打造国际产能合作样板

　　河钢集团有限公司（简称"河钢集团"）在共建"一带一路"倡议及中国与中东欧合作机制推进的大背景下，加快推进国际产能合作，启动斯梅德雷沃钢厂并购项目，快速实现"全球资源保障平台、全球钢铁制造平台、全球营销服务平台"为支撑的产业链全球化布局，打造出深化国际产能合作的典型样板。河钢集团控制运营海外资产超100亿美元，海外员工12000余人，成为国际化程度最高的中国钢铁企业。2023年初，河钢塞钢获欧盟和联合国开发计划署等联合颁发的"绿色议程"奖励证书，成为唯一获此殊荣的中资企业。

一、项目概况

　　河钢集团是中国第一大家电用钢、第二大汽车用钢供应商，海洋工程、建筑桥梁用钢领军企业，在MPI中国钢铁企业竞争力排名中获"竞争力极强"最高评级，连续14年位列世界企业500强，2022年居第189位。2015年初，在共建"一带一路"倡议及中国－中东欧合作机制推进的大背景下，经河北省政府推荐，河钢集团启动对斯梅德雷沃钢厂并购的前期调研。河钢集团认为此项目符合企业拓展欧洲市场的发展战略需要，在严格防范投资运营风险基础上，于2015年7月正式启动斯梅德雷沃钢厂收购项目。2015年11月26日，在中塞两国总理见证下双方签署《战略合作框架协议》。2016年6月19

图为项目获得欧盟和联合国开发计划署等颁发的"绿色议程"证书

日，两国元首共同视察河钢塞钢。自完成收购以来，河钢集团发挥全球资源配置能力和渠道优势、技术优势，对河钢塞钢生产经营提供全方位的强力支持，仅用半年时间就扭转了该厂长期亏损的局面。

二、项目所在国营商环境

中国和塞尔维亚的友好关系历久弥新。塞尔维亚视中国为其对外关系的四大支柱之一，历届政府均视中国为本国、本地区及世界发展的重要机遇。2009 年，中塞宣布建立战略伙伴关系，2016 年提升为全面战略伙伴关系。随着共建"一带一路"倡议和中国 – 中东欧国家合作的不断深化，塞尔维亚继续改善投资环境，并十分期待中资企业增加在塞尔维亚的投资，使塞尔维亚成为中国在西巴尔干地区乃至欧洲的重要经贸合作伙伴和经济交往桥梁。

塞尔维亚的投资环境具有一定的吸引力，其优势主要表现为：一是塞经济总体呈恢复性增长，且有望成为下一个欧盟成员国。二是塞尔维亚与欧盟、中东欧自由贸易区成员国、俄白哈关税同盟及土耳其等签订了自由贸易协议，并享受美国给予的最惠国待遇，塞尔维亚有关商品出口上述地区和国家享受免关税和免配额优惠待遇。三是地理位置优越，连接东南欧与西欧、欧亚大陆陆路枢纽。四是劳动力素质高，劳动力成本低于西欧和周边多数国家。五是税率在中东欧相对较低，对投资实行税收优惠奖励政策。六是塞尔维亚政府主导方针是大力吸引外资，创造就业，改革和修订投资法规，重点投资基础设施建设和劳动密集型产业。世界银行发布的《2020年营商环境报告》显示，塞尔维亚在190个国家和地区的营商便利度排名中列第44位。

三、项目突出亮点和特点

（一）聚焦相关方核心诉求，践行"丝路精神"

在斯梅德雷沃钢厂并购项目上，双方的核心诉求相辅相成：塞尔维亚政府希望为工厂找到一个长期战略投资者，能够承诺保障企业员工的就业和福利，能够持续投资以维持企业长期可持续发展，拉动塞尔维亚经济增长；河钢集团要担当国家角色、践行共建"一带一路"倡议，推进国际产能合作，以"低成本、低风险"实现在中东欧的产能布局，在突破欧洲贸易保护壁垒的同时，更借此机会向欧洲展示中国钢铁企业的技术和管理水平。按照以上原则，在交易谈判中，河钢充分关注并考虑对方的核心利益，将主要精力聚焦于对方的核心诉求，高效推动了项目进程，从正式启动项目到完成交易仅仅用了一年的时间，这在国际并购案例当中实不多见。

（二）全面揭示化解投资风险，奠定合作基石

在斯梅德雷沃钢厂并购项目上，河钢集团按照"问题大起底，风险全覆盖、预案早到位"的海外投资原则，聘请会计师事务所、律师事务所和专业公司分别为项目财税尽调、法律尽调和风险评估服务；同时，发挥集团各子公司自身优势，从项目实施可行性、钢厂工艺改造和管理提升等方面提供了全面系统的分析和支持；对提示风险逐一研究并制定解决方案或风险规避预

案，特别对欧盟反倾销和政府资助审查、劳资关系、汇率、税收、环保等重大风险事项，逐一与塞尔维亚政府进行商洽，找到双方认同的解决方案。

（三）发挥资源配置优势，助推项目重现生机

在助力河钢塞钢实现跨越发展的过程中，河钢集团全面调度可利用的优势资源，强化管理、技术、人才"三个支持"，突出资金、原料、市场"三个保障"，多维度构建支撑平台，全力打造国际产能合作的样板工程。河钢集团接手后快速梳理钢厂原有管理架构和员工体系，在保留本地员工的同时，派驻中方管理团队担任执行董事、首席财务官、首席技术官等重要岗位，分解工作目标，落实责任，有效推动工作。双方工作人员依托河钢构建的强大技术支持平台，全面强化了品种开发、质量管理和成本控制等工作，实现了中国钢铁企业生产管理经验的成功"植入"。河钢充分利用集团国际化平台优势，把河钢塞钢的供应链嫁接到集团的全球采购网络，把客户端搭建到集团全球营销平台，把河钢塞钢由欧洲地域企业变为全球性企业，采购成本全面降低，新客户、高端客户群不断增加，河钢塞钢重新焕发活力。2021年，河钢塞钢的直供客户比例已达到95%，高端产品、高售价区域资源投放量超过70%。

（四）践行"三个本地化"原则，彰显责任与担当

河钢接手钢厂后，始终坚持"利益本地化、用人本地化、文化本地化"原则，为河钢塞钢的持续发展提供动力保障。运营6年来，河钢塞钢将经营收益系统安排，持续投入钢厂发展。2022年，三大技改项目陆续投用，并取得了较好的运行效果，进一步提升了河钢塞钢运行效能。环保方面，吨钢粉尘排放量持续降低，各项指标已实现钢厂自2006年有环保排放记录以来的最好水平。河钢集团将"员工是企业不可复制的竞争力"的人本理念引入塞钢，与5000多名塞方员工全部重新签订劳动合同，并完成劳动指导、风险评估、岗位培训、医疗检查等30余项管理准则的签订，与代表工会签署集体劳动合

同协议，得到钢厂员工的充分认同以及塞政府和当地媒体积极评价。河钢集团充分尊重钢厂管理文化，保持原有的扁平化业务运行模式，将河钢集团可借鉴的管理方法和技术优势通过规范操作规程和规章制度等方式有机嵌入钢厂管理流程，更大程度发挥企业机能，为钢厂焕发生机提供不竭动力。

四、项目经验及启示

（一）促进经贸合作，实现"以经促政"

斯梅德雷沃钢厂收购项目有力促进了中塞两国经贸合作，实现了"以经促政"。河钢项目投资成功后，一批中资企业跟随赴塞尔维亚和中东欧寻找投资发展机会，切实拉动了中国资本的国际化发展。对塞尔维亚政府来说，协助执政党兑现了对人民的承诺，振兴了塞尔维亚工业经济，有效促进了塞尔维亚政治稳定和经济发展。河钢集团以实际行动践行承诺，肩负起了打造"一带一路"建设及"中国－中东欧"国际产能合作样板工程的重任。此项目被国家发改委和外交部列入"国际产能和装备制造合作重点国别规划"，商务部将项目纳入国家国际产能合作重点项目。

（二）实现稳定运营，助力当地经济社会发展

河钢塞钢的稳定运营，对当地经济社会发展起到积极推动作用。一是极大拉动塞尔维亚经济发展。河钢塞钢连续四年位居塞尔维亚第一大出口企业，累计创汇 39 亿美元，对塞尔维亚经济贡献率约 2%。钢厂所在地斯梅德雷沃年财政收入达到原来 2 倍多，失业率由 18% 下降至 6%，新生儿出生率在塞尔维亚排名第一。二是解决钢厂 5000 名员工就业。延伸就业岗位超过 20000 个，为当地经济发展及社会稳定做出突出贡献。针对困难员工建立帮扶基金，累计支付帮扶基金超过 60 万欧元。三是积极履行社会责任。河钢塞钢向消防和环保部门捐赠消防车和粉尘监测设备，同时修复公路、资助教育与体育事业，累计为当地社区投入 16862 万第纳尔（约 160 万美元）。疫情期间向塞

尔维亚捐助了一系列防疫物资,与塞尔维亚当地民众共同抗疫。

(三)创新本地化路径,助力中企"走出去"

作为我国首个在欧洲并购的全流程钢铁项目,河钢塞钢获得中塞两国政府的高度赞誉与支持,对今后中国企业依托国家战略制定自身发展战略,创新路径"走出去"具有显著的借鉴意义:一是企业"走出去"要契合国家发展战略,把握发展机遇;二是海外项目要立足企业实际,做好顶层设计,明确发展战略;三是海外项目要符合行业特点和企业需求,并充分发挥企业自身优势;四是要尊重海外企业和文化特点,构建稳定运营的软环境。河钢集团始终秉承的"三个本地化"原则,证明了中国企业可以对境外企业实施有效管理并获得认同,提升中国企业的全球影响力,这也为中国企业全球化发展提供了有益思路与实践探索。

(四)加强分析研判,科学把握和防范各种风险

河钢塞钢运营以来,经历过欧盟市场配额限制带来的销售压力、巴西矿山大坝崩塌引发的矿价波动、新冠疫情持续的衍生效应、俄乌冲突导致的原料供应、物流运输、能源危机等多重挑战。河钢塞钢始终积极应对,全面掌握信息资讯、充分分析论证,在强化协同效应发挥的同时系统制定风险防范措施,目标明确有的放矢,保证了生产经营持续向好的局面。

(河钢集团有限公司供稿)

**中信建设以全面统筹促乌钾项目
实现"中国速度"**

德赫卡纳巴德钾肥厂一期和二期项目（简称"乌钾一期项目"和"乌钾二期项目"）位于乌兹别克斯坦偏远地区，该地区自然条件艰苦，但钾肥资源丰富。

2007年7月28日，中信建设有限责任公司（简称"中信建设"）签订了氯化钾工厂建设的总承包合同。由于乌钾一期项目效益良好，2011年4月，乌方与中信建设续建二期项目，两期项目均运行顺利，为当地创造了巨大收益。

中信建设克服多重不利因素，全面统筹总体设计，以"中国速度"实现乌钾一期和二期项目的顺利竣工和投产运营，填补了乌化工行业空白。项目促进了当地经济发展，改善了当地人民的生活，培养了一大批经验丰富的化工管理者和建设人才，也促进了中乌的经贸往来和更多务实合作，为推动共建"一带一路"高质量发展作出贡献。

一、项目概况

2007年7月28日，中信建设成功签署乌钾一期项目EPC总承包合同，内容为新建一个以钾石盐为原料、年产20万吨氯化钾的工厂。项目主要包括工厂的设计、供货、施工以及开车指导，直至达到合同规定的各项生产指标。合同额的5%为业主自筹，95%使用中国进出口银行优惠贷款。2009年5月，工厂的基础设计得到有条件批准，开始土建施工。2010年5月29日，氯化

图为乌兹别克斯坦德赫卡纳巴德钾肥厂二期实景

钾试产品顺利出产，10月17日，工厂完成72小时性能考核，12月24日，工厂顺利竣工。

乌钾一期项目圆满成功，获得了两国高层和客户的高度称赞。鉴于项目成功投产产生了良好经济效益，乌政府决定在原厂北侧实施年产40万吨氯化钾的扩建工程。2011年4月19日，中信建设签署乌钾二期项目总承包合同，工作范围包括设计、供货、施工（包含54个子项）以及培训和生产调试，合同工期为28个月。2012年4月26日，工厂的基础设计得到批准，7月5日，扩建工程全面展开。2014年3月20日，主厂房生产出预产品，11月3日，工厂取得全部54个子项的验收证书，12月5日，乌钾二期项目顺利通过了72小时装置性能考核，氯化钾产品品质可靠，各项指标均满足技术规范要求，同年，项目顺利竣工。

二、项目所在国营商环境

乌兹别克斯坦历史悠久，是中亚人口最多的国家。2017年以来，乌兹别克斯坦在米尔济约耶夫总统带领下励精图治，不断深化国内改革、积极对外开放，大力招商引资，营商环境大幅改善，市场活力不断迸发，发展潜力持续释放，是中亚经济增长较快的国家，也是该地区投资"热点"国家。

根据乌兹别克斯坦国家统计委员会统计数据，2020年乌兹别克斯坦国内生产总值约合576.99亿美元、同比增长1.6%，人均国内生产总值约合1685.5美元，通胀率11.1%。2021年乌兹别克斯坦国内生产总值约合692亿美元，同比增长7.4%，人均国内生产总值约合1861.8美元，通胀率9.9%。2022年，乌兹别克斯坦国内生产总值为804亿美元、同比增长5.7%，人均国内生产总值约合2254美元，通胀率12.2%。

中乌1992年1月2日建交。两国关系发展顺利，2012年建立战略伙伴关系。2013年签署《中乌友好合作关系条约》。2016年建立全面战略伙伴关系。

建交以来，两国政治互信不断深化，战略协调全面推进，经贸合作硕果累累。中国已成为乌兹别克斯坦第一大贸易伙伴国和主要投资来源国。据乌方统计，中国对乌兹别克斯坦累计投融资90多亿美元，截至2022年，在乌中资企业超过2000家，合作领域涵盖油气、化工、纺织、电力、煤炭、建材、农业、水利、金融、物流、汽车制造、工业园区和国际工程承包等广泛领域。中乌市场规模和资源禀赋优势各异，发展前景广阔，产业互补性强，合作潜力巨大。

三、项目突出亮点和特点

自签订合同起，乌钾一期项目就在实施过程中面临重重挑战。

第一，在工艺设计方面，设备匹配性存难点。中国国内采用的钾肥原料是光卤石，工艺为0.3毫米的产品粒径设计，而乌钾项目采用的是钾石盐原料，主工艺采用俄盐院的1毫米粒径设计，产品为大颗粒钾肥。俄国的工艺设计和中国的设备能否适配尚无先例，白俄罗斯的浮选机和其余中国各地的设备能否配合也无前例，在生产稳定之前，最终整套生产工艺是否可行、装置整合是否可靠，均具有极大的不确定性。

为此，中信建设进行了多次调研和研讨。2009年7月，项目部组织包括俄盐院、青海国安、连云港院、长沙院等国内外钾肥领域的知名专家就乌钾项目的核心工艺和设备选型的可靠性进行专题讨论，明确采用钾石盐浮选工艺。为降低工艺设备风险，中信建设还委托白俄生产核心工艺设备浮选机。

第二，工期紧张。因前期初步设计滞后，2009年8月，实质性的土建施工才开始启动，此时整体进度距离竣工节点只剩不到15个月，其间还包括一个长冬季，遭遇了暴雪封路、南航停飞等突发事件。工期紧张给现场施工带来极大困难，导致乌钾项目成为一个典型的边设计、边采购、边施工的三边工程，这意味着人工、材料和机械设备的施工组织无法准确开展。

为此，项目部全面细致地进行项目工作分解，根据项目工期目标倒排总体进度计划，平行安排设计、施工、采购和试车工作，分析出关键线路上的工作并进行重点保障。同时，项目根据总体计划，进一步编制出设计、采购、施工、试车等工作的详细工作计划，将计划落实到每一个工作细节。在项目后期，还加大资源投入、设置赶工奖，全体员工加班停休，以保证赶工进度。

第三，试车和操作培训缺乏相关经验。根据合同，机械竣工后2个月出产品，出产品后3个月通过性能考核。项目首次使用国外新工艺和国外设备，完成试车进度难度很大。直至2009年底，多家国内设计院、厂家均表示由于没有类似工程经验，无法承担工厂的试车和操作培训工作。外国公司由于技术保密，不提供相关技术服务。最终，项目部委托青海国安钾肥厂提供项目试车期间的操作指导服务，并组织乌方人员赴白俄矿山化工技术学校和白俄钾肥厂进行理论学习和实践操作培训。

第四，试车和性能考核进程紧迫。由于工期紧张，直至2010年7月底，现场许多条件尚不具备，如尾泥管、包装车间、干燥系统保温、弱电消防污水处理等均未完成。中信建设细化试车方案，逐车间、逐系统调试，启动投料试车工作，在调试、试车中发现问题并解决问题。数月间，生产线联动运行共计22次，从调试开始到完成性能考核，项目部对整条生产线一共实施重要的解决方案70项，最终在2个月内成功通过性能考核。

在乌钾二期项目启动后，中信建设根据一期项目管理经验，组织商务和技术人员，协同银行、设计院等相关方，对乌钾一期项目执行中发现的问题进行了优化和改进，如二期合同的预付款从一期的15%提高到85%、抗震烈度从8度降为7度、合同和资料文本由俄文改为英文、部分公用设施和建筑物结构进行了大幅度的简化，标准改为执行中国标准，合同价格增至一期的2倍多等。优化后的方案不仅更合理，也为企业创造了良好的项目收益预期。

在试车阶段，中信建设的团队针对一期实际运行中暴露出来的缺陷，如精钾泡沫输送、尾盐浓密机跑浑、精钾中间筛、干燥窑结疤、脱泥效率等问题，进一步完善大颗粒钾肥盐工艺包，对乌钾二期设计和设备选型提出多项改进，如精钾泡沫泵重新选型、尾盐浓密机溢流母液加絮凝剂、取消精钾中间筛、干燥窑加返料和内置挡圈，脱泥旋流器采用高效旋流器等。大到工艺改进，小到设备改进，中信建设逐步优化乌钾二期工厂的核心技术—操作规程和数质量流程图，不仅提高了工艺厂房的生产效益，也节约了运营成本。

四、项目经验及启示

该项目是中亚地区第一个成功投产的现代化钾肥厂，得到了乌方政府和媒体的高度评价。中国驻乌大使馆及经参处也曾多次赞赏乌钾项目是中乌双方的合作典范。

（一）应深化对当地的了解

在乌钾一期项目的执行中，中信建设遇到了一些实际困难。客户负责的前期工作如地勘等较粗糙，准确性不高，可能会造成后期设计风险；此外，乌兹别克斯坦管制外汇会对当地材料的采购带来困难和损失。对此,企业应深化对当地的了解,全面了解乌兹别克斯坦的强制性规范或条款并限定范围。对于已经批准的初步设计和详细设计,企业必须经过当地机构,根据当地相关技术标准进行设计转化后方可施工。

(二)工业项目实施中要使用成熟的技术

达产达标是工业项目的首要目标,对核心技术的选择必须慎之又慎。企业要确保该技术成熟可靠并且在国内有多个成熟的工程经历,而不能一味追求技术先进,在国外项目中进行科学试验。

(三)确定正确的商业模式,具备总承包综合实力

在国外实施工业总承包项目,总承包商必须具有较强的技术管理能力、EPC 工程管理能力和商务管理能力等总承包综合实力。企业要以正确的商业模式整合产业链资源,提高总承包综合实力,系统、全面地控制项目风险。要从项目开发至最终验收的全生命周期内,协调产业链上各专业单位(技术提供方、设计、设备厂商、施工、试车单位等),负责相关的专业工作,承担相关风险,以达到系统、全面地控制项目风险,保障项目成功开发和实施。

(中信建设有限责任公司供稿)

中哈共建 IPCI 项目
填补领域空白促进产业升级

中国化学工程股份有限公司（简称"中国化学工程"）承建的哈萨克斯坦石油化工一体化（IPCI）项目，2017 年 11 月开工，于 2022 年 11 月投产运营，规模为年产 50 万吨聚丙烯，包括丙烷脱氢装置（PDH）和聚丙烯装置（PP），以及全厂配套公用工程设施（UO）。

中国化学工程作为总承包商，从旗下 5 家骨干企业抽调人员组建项目团队，历经 8 年时间，用心血和汗水见证了现场从一片荒芜到装置拔地而起，充分展现了中国化学工程丰富的国际工程经验，积极打造中国企业"走出去"品牌形象。IPCI 项目于 2022 年 11 月 8 日投产运营，成为哈萨克斯坦首个大

图为哈萨克斯坦石油化工一体化（IPCI）项目

型化工项目和首个聚烯烃项目。

作为中哈产能合作的重点项目之一，IPCI 项目既是中国化学工程积极践行共建"一带一路"倡议的重要成果，也是哈萨克斯坦重大战略项目之一，备受中哈两国政府的高度关注。IPCI 项目的产品定位于哈萨克斯坦及国际市场，是促进产业结构升级，带动当地就业，推动社会经济发展的重要举措。

一、项目概况

中国化学工程于 2015 年 12 月和哈萨克斯坦石油化工工业公司（简称"KPI"）签署了建设石油化工一体化综合装置项目的 EPC 总承包合同，合同含税价为 18.65 亿美元，由国家开发银行提供融资，担保方为哈萨克斯坦萨姆鲁克 – 卡泽纳 (SK) 基金会，合同于 2017 年 11 月生效。

项目位于哈萨克斯坦阿特劳州卡拉巴丹地区，主要包括 50 万吨 / 年丙烷脱氢（PDH）制丙烯装置和聚丙烯（PP）装置，以及两套工艺装置所需的公用工程的设计、采购、施工、开车和性能考核的工程总承包。2022 年，项目团队陆续完成了配套公用工程单元整体试车、丙烯低温罐预冷一次性试车、挤出机投料试车、丙烷脱氢制丙烯装置产品出产等里程碑节点，并进行了投料试车，PDH 装置和 PP 装置于 2022 年 10 月成功产出合格丙烯及氢气并顺利产出聚丙烯。

2022 年 11 月 8 日，哈萨克斯坦总统托卡耶夫出席 IPCI 项目竣工投产仪式，按下工厂启动按钮，标志着 IPCI 项目成功投产，进入运营阶段。由此，哈萨克斯坦开始向聚烯烃等化工领域进军。

二、项目所在国营商环境

哈萨克斯坦作为中亚五国之一，位于亚洲中部内陆，能源矿产、金属矿产资源丰富，当地经济以石油、天然气、采矿、煤炭和农牧业为主，加工工业和轻工业相对落后，其石油储量为世界第 11 位，与我国资源互补性较强，是我国重要的能源贸易伙伴，也是我国企业"走出去"开展投资、承包工程等重要目的地。

根据世界银行和国际金融公司（IFC）联合发布的《全球营商环境报告2020》，从便利化、法治化和国际化三个维度以及开办企业到破产办理等 10 个与企业生命周期相关的领域评价指标分析，哈萨克斯坦排名居全球第 25 位，在中亚国家中营商环境最优。

根据哈萨克斯坦国民经济部发布的《2023—2027 年经济社会发展预测》：在油价保持 85 美元 / 桶作为经济预测和预算规划的基准场景下，预计未来 5 年哈实际 GDP 增速将为 3.9%。年度通胀目标区间将从 2023 年的 7.5% 至 9.5% 降至 2024 年的 4% 至 5%，到 2025 年至 2027 年进一步降至 3% 至 4%。名义 GDP 将从 120.7 万亿坚戈提高至 176.6 万亿坚戈。当前，哈已建立加工业产业集群，到 2025 年前投资项目规模将达 41 万亿坚戈。哈政府提出到 2025 年的投资目标是，计划将固定资产投资在 GDP 中的占比提升至 30%，外国直接投资增至 340 亿美元 / 年。

1992 年 1 月，中哈两国正式建立外交关系。至今为止，两国的双边关系一直稳步向前发展。在政治方面，中哈两国高层领导多次进行互访、民间文化交流也不断增多；在经济方面，中哈双边经贸关系不断向深层次、深结构迈进，经贸增长速度飞快，两国石油管道以及天然气管道的开通为两国经济带来了巨大利益。

三、项目突出亮点

IPCI 项目被列入"中哈产能合作"重点项目清单，是中国化学工程响应共建"一带一路"倡议的重要举措。

一是带动了中国标准走出去。IPCI 项目的设计、采购、施工、开车全程由中国化学工程所属企业策划主导，由哈萨克斯坦本土设计转换单位、施工单位、物流公司全程参与。项目建设过程中，公司集中优势力量，在国内开展设计、进行全球采购并最大限度带动中国的设备制造走出去，选派优秀技术工人到现场进行安装施工调试工作，项目全程突出体现中国标准。

二是向世界展示了中国速度和中国力量。IPCI 项目于 2017 年 11 月正式启动，在中哈两国政府的高度重视和大力支持下，先后投入中哈员工 4000 余人。项目建设期间，突遇新冠疫情爆发，严重阻碍了项目的正常进展，在公司上下有力的协调和推动以及项目组的顽强拼搏下，项目团队克服新冠疫情等影响，充分发挥中国化学工程丰富的海外工程执行经验和成熟的 EPC 项目管控体系效能，以过程优良护航结果优异，用高超的工程实力和优质的服务能力向世界展示了中国速度和中国力量，用实际行动推动项目的顺利建成。

三是体现了"一带一路"共建共享理念。在 IPCI 项目建设过程中，中国化学工程遵循融入当地、尊重文化、管理互鉴、双促共融的理念，两国建设者通力合作，部分设备由当地工厂加工生产并全程由中国专家指导，本土技术人员锻造完成，运转良好；优先招聘和培训当地技术人才，项目建设高峰期带动当地就业 2100 多人，为当地经济转型升级储备了大批优秀技术人才，有力带动了哈萨克斯坦内中小企业的发展和壮大。项目建成投入运行后，为阿特劳地区创造约 600 多个就业岗位，成为中亚地区最大的聚丙烯工厂，填补了哈萨克斯坦在聚烯烃领域的空白，是促进哈萨克斯坦产业结构转型升级，推动社会经济发展的重要举措。

四、项目经验及启示

（一）有效对接，解决执行中各项难题

鉴于哈萨克斯坦的技术工人从数量和水平上难以满足安装工作的需求，需要中国的技术工人参与安装工作。在项目执行初期，面临哈萨克斯坦签证配额数量限制和办理工作签的时间长等困难，人员动迁缓慢和费用高，项目

通过多种方式推解决，获得了不少的经验：

一是基础工作以当地劳动力为主。土建施工阶段，充分利用哈萨克斯坦当地劳动力资源进行土建工程施工工作，例如桩基施工、结构施工等，由中国管理人员进行监督管理及技术指导，将工程量切分成能够满足当地分包能承担的工程量。

二是充分利用当地专业队伍和技术工程。安装阶段，聘请当地合格的专业队伍进行通风管道、电信施工；通过当地劳动部门进行焊工等技术工种招聘，解决安装过程中的人力问题，也满足配额需要。

三是注重与中哈两国政府的沟通。在公司高层与哈萨克斯坦政府领导不断有效沟通下，解决了项目执行过程中的工作许可问题。同时也请使馆在申请工作签证上给予支持，工程高峰期现场有1950多名持有工作签的中方管理人员及技术工人，保证了项目所需的人力资源。

（二）解决设计、施工等规范问题

按照本项目EPC合同要求，设计文件需要同时满足欧洲标准和哈萨克斯坦的国家标准规范要求。在设计完成后，项目部聘请了当地有资质的设计院为设计的标准性进行复核，同时满足合同对规范的要求。在进行设计工作过程中，项目部聘用当地员工300多人参与到项目管理及设计工作中，同时业主方也聘用工程技术人员全程参与，保证项目实施符合规范要求。

（三）通过政府协调解决特殊时期的困难问题

新冠疫情暴发后，两国采取了较为严格的疫情管控政策，导致中哈间货物运输时有中断，影响了项目的正常建设进程。项目部通过政府协调，成功获取了运输口岸放行便利，特别是为了保证载气压缩机的运输，口岸还特意进行了防疫演练；同时协调哈方政府给予口岸优先安排货物倒运车辆，尽可能减少对项目的影响。

（中国化学工程股份有限公司供稿）

印尼不锈钢冶炼一体化
项目上的"1+1>2"

象屿印尼 250 万吨不锈钢冶炼一体化项目（简称"象屿印尼项目"），是厦门象屿集团有限公司（简称"象屿集团"）响应共建"一带一路"倡议，与国内不锈钢行业民营龙头企业江苏德龙镍业有限公司（简称"德龙集团"）合资建设的大型海外项目。该项目于 2016 年签约，2021 年全面完工。截至 2022 年 12 月，已累计生产不锈钢超 320 万吨，带动进出口贸易额超 100 亿美元，带动全产业链营收超 1000 亿元，直接创造就业岗位超 1.6 万个。

该项目深入开展国际产能合作，充分打通利用两个市场、两种资源，促进了中印尼两国的经贸合作和人文交往，成为高质量共建"一带一路"、实现互利共赢的项目范例。

一、项目概况

象屿印尼项目位于印度尼西亚东南苏拉威西省的德龙工业园区（VDNIP）。印尼德龙工业园区是中印尼共建"一带一路"重点项目，被列入印尼国家战略项目。作为园区二期工程，象屿印尼项目主要建设年产 250 万吨不锈钢一体化冶炼厂、火力发电厂、年吞吐能力 4000 万吨的多功能码头及配套疏港公路、公共辅助设施、生活配套设施等，集矿产资源开发、生产冶炼、精深加工和港口物流为一体。

项目于 2016 年签约，2017 年取得主管部门批复并开工，2018 年通过组建银团及发行海外债融资约 100 亿元，2020 年实现当年投产当年盈利，2021 年项目建设全面完工。

截至 2022 年 12 月，项目已累计生产不锈钢超 320 万吨，带动进出口贸易额超 100 亿美元，带动全产业链的营业收已超过 1000 亿元，为印尼当地直接创造就业岗位超 1.6 万个，被国际投资者盛赞为高质量、有温度的"一带一路"项目。

二、项目所在国营商环境

作为东盟第一大经济体和世界第四人口大国，印尼因其良好的投资前景和广阔的市场需求成为中资企业对外投资的首选目的地之一。2013 年中印尼两国建立全面战略伙伴关系，2022 年两国元首就共建中印尼命运共同体达成重要共识，在两国深化各领域合作的大背景下，印尼已成为中国在东盟的第二大投资目的地。

图为象屿印尼项目配套码头

在资源禀赋方面，印尼镍资源丰富，是不锈钢产业上游原材料的主要产地。其镍资源储量约 2100 万吨，为全球第一，占世界储量的 24%。同时印尼本地盛产动力煤，2021 年动力煤产量超过 6 亿吨，当地发电成本较低，也有利于降低不锈钢冶炼成本。

在投资政策方面，印尼政府以优惠政策鼓励钢铁工业的投资建设，对钢铁工业投资给予长达 10 年的免税期，并给予 2 年期的减税 50% 优惠，还对工业发展用机器、货物和原料免征进口税。但印尼对外商投资也仍有较多限制，码头、矿产、船公司等资源要求印尼当地公司绝对控股，许多行业也禁止外商独资。

三、项目突出亮点和特点

（一）当年投产即盈利，各方经济收益颇丰

该项目是象屿集团国际化战略的重要一步。通过项目实施，象屿集团创新了海外大型项目的融资方式，也丰富了海外项目的投前投后管理经验。

对合资伙伴而言，项目投产后，德龙集团位于国内的下游热轧项目获得了有明显成本优势的原材料，行业地位进一步提高，规模化效益显现。通过合作，德龙集团也吸收了国企的体系管理经验，提升了系统化、信息化、规范化管理水平。

（二）扎实履行社会责任，取得多重社会效益

在创造就业助力地当发展方面，自项目启动以来，象屿集团携手 40 余家外部参建单位共 7000 多名中印尼员工以及 14000 余人的生产运维人员参与项目建设，直接带动了当地就业和经济发展。项目现有超 18000 名员工，其中超过 90% 的员工来自印尼当地，已成为促进当地就业与经济发展的重要力量。

在工业化和互联互通方面，该项目已帮助当地修建水泥公路超 50 公里、

桥梁 16 座；项目配套建设的 PMS 散货码头年吞吐量已超过 5000 万吨。从前，从当地机场到项目所在地只有一段很小的省道，仅 40 公里的车程却需要行驶 2 个小时。如今，这段由象屿印尼项目修建的省道级公路绝大部分路段已完成水泥路覆盖，从机场到项目的耗时缩短到 50 分钟。这条路也被当地居民亲切地称为"一带一路"路。

在绿色发展和抗疫合作方面，项目运用先进工艺，加大环保投入，回收热烟尘用于发电，每年可节约煤炭耗用 27 万吨、冷凝淡水 250 万吨、化学药剂 25 万吨。项目定期检测周边地区空气、水质和噪声等环境质量，检测结果符合预定的质量标准，获得印度尼西亚国家认可委员会的官方认证。

在印尼肯达里洪涝灾害、巴鲁 7.4 级地震、抗击新冠疫情等危急关头，象屿集团累计捐赠物资价值超 1000 万元人民币，向印尼当地政府捐赠超 500 吨氧气、800 台 10L 制氧机等。

在就业培训和教育卫生方面，象屿集团大力构建本土化人才培养体系，开展两国语言培训，以"1+1"签订师徒合同的形式加快培养印尼人才，并选派印尼骨干员工来华学习中文及炼铁、炼钢、仓储、化验等专业技术。象屿集团资助印尼学生来中国留学，向肯达里大学捐赠 30 万元用于学校建设，并为该校毕业生提供就业岗位。

四、项目经验及启示

（一）利用两个市场两种资源，保障供应链稳定

作为不锈钢生产和消费大国，中国市场大、产业体系完备、生产技术领先，但不锈钢生产所需的镍资源高度依赖进口，我国企业缺少成本控制主动权。自印尼宣布执行原矿出口禁令政策以来，中国红土镍矿供应缩紧，价格攀升。而印尼拥有丰富的红土镍矿和劳动力资源，产业和基础设施却相对薄弱。

象屿印尼项目充分利用中国、印尼两个市场、两种资源，嫁接双方优势，开展国际产能合作，一方面能够实现稀缺镍资源的中长期稳定保障，提高不锈钢供应链稳定性，增强中国不锈钢产业的全球竞争力和话语权，并推动国内产业向低能耗、低污染的后端轧钢环节布局，实现绿色低碳转型。另一方面能够提升印尼镍产业发展水平和附加值，改善当地电力、交通等基础设施，创造大量就业岗位，贡献可观税收，助力印尼社会经济的可持续发展。

（二）主动进行产业链延伸，提升整体盈利能力

象屿印尼项目是象屿集团在原有不锈钢供应链业务基础上，围绕"构建使全产业链成本最低、最稳定的供应链系统"，主动进行产业链延伸的产物。象屿集团通过建立不锈钢冶炼加工厂，深度介入不锈钢坯一体化制造环节，实现供应链＋生产制造一体化运营，带动供应链盈利能力和话语权明显提升。

同时，象屿集团发挥自身在物流服务方面的丰富经验，为象屿印尼项目提供良好的物流保障，并以项目为基础，发挥自身在物流网络构建和运营方面的优势能力，以点带面，搭建东南亚供应链网络，重点打造以印尼为核心、辐射东南亚的"一带一路"航运物流新网络，拓展第三方物流业务。

（三）借助"混改"，实现优势互补

按照国企改革三年行动的要求，国有企业要积极稳妥深化混合所有制改革，同时要对民营企业健康发展发挥带动作用和重要影响力，国企民企要相互配合，推进兼并重组和战略性组合。

象屿集团通过多维度考量，选择与不锈钢行业的民营龙头企业德龙集团开展合作，双方各持51%和49%的股权。通过"混改"，象屿印尼项目有效发挥国企在资金、资本运作、体系化管理、供应链运营，以及民企在生产技术、投资经验、操作灵活性等方面的优势，为项目顺利建设和运营提供有力保障。

（四）创新融资工具，拓展境内外融资和保险渠道

象屿印尼项目投资体量大，象屿集团创新引入海外债、银团贷款等手段，有效保障项目资金来源、降低财务成本。

项目还投保了中国出口信用保险公司的海外投资保险与中长期出口买方信贷保险，实现风险敞口全覆盖，以政策性保险工具为项目保驾护航，为项目融资提供充足保障。

（厦门象屿集团有限公司供稿）

云天化集团跨境农业合作助力中缅经济走廊建设

农业是缅甸国民经济基础，中国对农产品需求巨大，缅甸每年出口中国的大米和碎米已超过 60 万吨。在此背景下，云天化集团把开拓对缅农业合作确定为长期战略方向，逐渐深化缅甸市场参与程度，利用自身优势，通过"贸易＋金融＋服务"一体化集成解决方案，提供全套种植方案、直供优质绿色化肥、推广示范试验田、设立云天化奖学金、培养当地农技人员，为缅甸农业可持续发展提供技术支持、资金扶持和人才保障，助力中缅经济走廊建设，是我国农业产业链上"走出去"企业的典型代表。

一、项目概况

云南地处中国经济圈、东南亚经济圈和南亚经济圈的结合部，拥有面向三亚（东南亚、南亚、西亚）、肩挑两洋（太平洋、印度洋）、通江达海沿边的独特区位优势。

云天化集团充分利用云南省在全面开放新格局和"一带一路"建设中的区位优势，积极参与中国－中南半岛经济走廊、孟中印缅经济走廊建设，在国际国内两个市场整合配置贸易物流金融等资源，优化产业链海外布局。

云天化集团把开拓对缅农业合作确定为长期战略方向，通过提供"贸易＋金融＋服务"一体化的集成解决方案，在缅甸销售优质化肥，提供系统农化服务，培养当地农技人员，输出科学种植方案，帮助农民提高农作物的产量，提升缅甸农业现代化水平。

2016年7月，云天化集团在缅甸仰光成立子公司——瑞丰年肥料有限公司，打造以农业产业链为纽带的协作性营销组织。此后在缅甸组建营销团队，先后设立6个运营中心、8家云天化品牌展示店和96家镇村级授权经销店，将优质绿色化肥直接送到农民的田间地头。

2018年至2023年，与缅甸农业部合作，先后在曼德勒、内比都等地合作开展了900亩示范试验田的种植（包括棉花、玉米、水稻等作物），手把手示范科学用肥和提供全套种植方案，帮助缅甸农民增产增收。

云天化集团通过开展中缅跨境农业合作，不仅为缅甸农业构建了从农业技术支撑到农业人才培养的扶持发展规划，推动了周边国家农业的可持续发展能力提升，还增进了民间交往，巩固了民意基础。

图为云天化内比都示范田增产明显，获当地农民点赞

二、项目所在国营商环境

（一）市场准入

缅甸《外国投资法》明确了外资可以投资的领域。农资行业（化肥、种子、农药）为鼓励外资投资行业，外资可在缅甸成立全资或合资公司，在缅甸经营农资的进口和分销。

《外国投资法》规定外商投资的最低投资金额，生产制造业为 50 万美元，服务业为 30 万美元，具体由投资委根据投资项目所处行业和规模来确定。

依据《外国投资法》组建的缅甸投资委员会，代表缅甸政府行使对外国投资的审核和管理。

（二）企业税收

缅甸《税务法》和《国内税收实施细则》规定，企业可以自其取得收益的纳税年度结束后 3 个月内申请缴纳所得税。各实体须单独申报纳税，企业所得税率为 25%。因农资为缅甸鼓励产业，无商业税。化肥公司进口化肥需交 2% 化肥进口预扣税，该税可以抵扣 25% 企业所得税。

（三）外资企业获得土地有关规定

根据缅甸土地法，任何外国个人或公司不得拥有缅甸土地的所有权，但可以长期租用土地用于投资活动。土地使用期限为 50 年，土地使用到期后投资委员会可视情形延长，最多延长 10 年，最多可延续 2 次。

（四）外资优惠政策

缅甸主要在农业、工业、基础设施建设、中小型外资企业和旅游业外资项目、向缅甸转让生产技术、培养熟练技术人员、投资欠发达地区的外资提供优惠政策。对于按照《外国投资法》注册成立并获得了投资委员会许可的公司，可享受税收优惠政策。云天化集团获得前三年享受企业所得税税收减免的优惠政策。

三、项目特点及亮点

（一）参与缅甸农业建设

主动参与缅甸农业建设，与缅甸政府合作开展农业项目专项研究，引进中国和其他国家的先进农业开发理念及现代农业技术，帮助缅甸解决农业发展瓶颈问题。

携手缅甸农业机构，引进中国先进农业种植技术，为缅甸农民提供系统化农业技术服务和全套种植解决方案，构建缅甸农业产业链系统工程。

组建成立营销团队，先后在缅甸仰光省、伊洛瓦底省等6个主要的粮食种植和肥料销售区域，建立了6个运营中心、8家云天化品牌展示店、96家镇村级授权经销店。

（二）提供全套科学种植方案

依托自身研发中心的科研力量，云天化集团根据缅甸土壤结构和种植现状，针对不同区域气候、不同土壤特点和不同种植结构提供订制化服务。通过测土配方，为缅甸土地"量身定制"肥料配方，有针对性地生产适合缅甸土壤和农作物的肥料，先后推出针对水稻、玉米、棉花、花生、芝麻等不同作物的专用肥和针对豆类作物的水溶肥等升级产品，增产增收效果明显。

面对缅甸农民用肥知识不足、用肥结构单一的情况，积极推行平衡施肥理念，派农技人员深入田间了解农作物生长情况，提供作物栽培指导，系统教授当地农民田间管理知识、优质肥料选择方法、科学施肥理念和防治病虫害技术等，真正帮助缅甸农民增产增收。

（三）推广示范试验田

2018年，云天化集团与缅甸农业部在缅甸首都内比都共建100英亩示范田（1英亩=6.07亩），在投入不变的情况下使用云天化优质肥料的水稻示范田增产35%，玉米同比增产60%，棉花同比增产140%。

作为云天化集团在缅甸的企业，瑞丰年公司已在缅甸粮食、蔬果区建设试验示范田344块（每块为6.07亩），为缅甸农民提供高产高效种植解决方案。截至目前，云天化集团已在缅举办634场农会交流活动，通过聘请专家学者讲授施肥用肥方法、病虫害防治等农业知识，直接或间接为缅甸8万名农民传播农化知识。开展示范田建设、上门提供农化服务、组织农民会、收割观摩会等措施，让缅甸农民学习科学施肥技术，直观感受科学种植带来的实惠，从心里认可云天化产品和服务，树立了中国企业良好的国际形象和品牌形象。

（四）设立云天化奖学金

2017年，云天化集团在缅甸耶津农业大学设立"云天化留学基金""云天化奖学金"，资助品学兼优的农科学子。截至2023年3月，已有87名品学兼优的本科、硕士、博士生获得"云天化奖学金"共8.7万美元，58名耶津农业大学师生在"云天化留学基金"资助下到中国交流学习。云南农业大学也选派了32名师生赴缅甸耶津农大访问，云天化联合商务还招收了3名学历生和1名短期高级进修生到中国学习。

（五）培养当地农技人员

2016年，云天化集团与云南农业大学、耶津农业大学签订三方合作协议，开展战略合作，培养缅甸当地农业人才，服务缅甸农业发展。

几年来，瑞丰年公司为近50名耶津农业大学毕业生提供实习或就业岗位，先后安排15名缅甸籍员工前往中国云南，参加由云天化和云南农业大学共同举办的短期农化培训班，提高缅甸员工的农业技术知识水平。云天化集团还推荐了12名合作伙伴和优秀经销商代表参加学习，通过培养缅甸本土农业技术专家，引导当地农民科学施肥、合理用肥，普及农化知识。瑞丰年公司还通过农会活动、参与缅甸农业部及耶津农业大学组织的各类社会活动，对缅甸农户进行农化基础知识培训。

四、项目经验及启示

（一）政企合作是加快融入当地发展的快车道

云天化在缅甸市场获得成功，一个重要切入点就是政企合作。缅甸农业部内比都农业局局长吴温武表示，政企合作是促进缅甸农业发展的一种新模式，缅甸农业部通过示范田建设搭建了一个良好的平台。

云天化以政企合作为基础，深度参与其他合作，达到了以点带面的效果。政企合作下的建设示范田模式，不仅可以直观展示和检验企业的产品质量、种植管理水平和实际种植效果，而且当地农民通过参与示范田建设，可以更快提高施肥水平和种植技术。提升了中国企业和中国品牌在当地的影响力和知名度，产品市场占有率也得到明显提升，达到了一举多得的效果。

（二）国际合作是双赢和共赢

"授之以鱼不如授之以渔"。在与缅甸的合作中，云天化移植、嫁接国内优势农业技术，真心实意帮助缅甸提高农业水平，让他们感受到中国和中国企业构建命运共同体的诚心，收获了他们的真诚感谢和由衷赞许。缅甸农业部在云南财大交流学习的官员温特表示，共建"一带一路"倡议太有益了，中缅合作潜力很大，随着像云天化这样的中国企业深耕缅甸市场，必将带动缅甸的快速发展。

（三）只有"走进去"才能更好地"走出去"

国与国之间的合作，最根本的是民心相通。云天化集团深度融入当地农业种植，不仅提供农业技术，还着眼长远培养农业技术人才，这才是解决缅甸农业发展的根本所在。特别是把"云天化奖学金"作为技术服务项目来推进和管理，通过学业交流和往来，缅甸学生看到了共建"一带一路"倡议和辐射中心建设给缅甸带来的变化，也看到了未来。在这个过程中，企业收获了实实在在的利益，产品出口量、企业影响力都得以提升。

（四）相机应变克服困难

跨境农业合作也遇到一些困难。如缅甸外汇短缺，加强了进口产品的管控；同时，缅甸的出口产品按照政府规定的汇率强制结汇，农产品出口成本增加 15—20%。

云天化采取有效措施积极应对困难，一是深化业务合作。帮助缅甸客户通过下沉销售渠道，拓宽缅甸各种植区域的新产品用户。二是创新运营模式。打通缅甸到云南回程的"一单制"跨境物流节点，为客户提供货物"门到门"一体化运输服务，开辟云南农产品进口保税区运输新模式，助力中缅印度洋新通道建设。三是优化运输方式。针对云天化的产品海运到仰光港，再由缅甸客户分销，增加缅甸段物流费用的实际情况，云天化将 50kg 小包装袋化肥套吨袋，散船运输到缅甸，降低成本 10% 左右。

（云天化集团有限责任公司供稿）

中国外运发挥优势内外联动
高效运行国际班列

中国外运股份有限公司（简称"中国外运"）是招商局集团旗下综合物流的统一平台，也是中国最大的综合物流企业之一。中国外运是中国最早从事国际铁路货运代理的企业，早在1983年就开创了中德铁路集装箱业务，成为中国铁路跨境运输历史上最早的中欧班列业务雏形。多年来，中国外运响应共建"一带一路"倡议，全面参与国际班列运营，先后在全国主要区域、东中西三大通道实现国际班列全覆盖，打通境内外全网运营，实现内外联动和一体化建设，畅通"一带一路"物流大通道的经贸往来，构建起双向开放的国际大通道。

一、项目概况

中国外运以构建高效运行的"枢纽＋通道＋网络"国际班列一体化解决方案为主线，以全面提升"通道、网络、产品、服务"能力为抓手，凭借积淀的资源和经验，全力参与欧亚物流通道的建设。

2015年是中国外运全面参与国际班列运营的开局之年。迄今为止，先后在兰州、长沙、沈阳、新乡、威海、粤港澳大湾区等多地开通了国际班列，率先实现了全国主要区域、东中西三大通道的全覆盖。中国外运构筑起内畅外联的国际班列大通道，开行了国内首列至明斯克中欧班列、首列冷藏箱进口中欧班列、首条绥芬河图定中欧班列、首列日中欧海铁联运班列、首列中

老泰国际铁路联运班列、开具全国首张国际铁路提单……推动内陆节点与港口水运通道形成联动效应，带动了物流全产业链的发展。截至 2022 年底，中国外运国际班列累计开行 8653 列，发运量 96.92 万标箱（其中中欧班列 7322 列、82.68 万标箱），稳居全国第一梯队。

中国外运的国际班列服务效应不断扩大，受到市场、客户和社会的广泛认可和一致好评。在 2021 年国务院国资委国企改革发展情况新闻发布会上，中国外运中欧班列案例作为 18 个中央企业改革发展创新的好故事之一，被称为引领新丝路的"钢铁骆驼"。

二、项目突出亮点和特点

（一）注重央地合作

中国外运把中央企业的优势与地方政府的优势紧密结合起来，汇聚成共建"一带一路"合力，构筑全方位、多层次、高水平的共赢合作格局。

长沙是全国首批开通中欧班列的城市。2019 年 4 月，长沙市与中国外运达成战略合作，共同推动以中欧班列（长沙）为核心的国际物流通道建设。近三年中欧班列（长沙）年开行量连续跻身全国前五位，开行了明斯克、马拉、布达佩斯、俄罗斯、中亚等常态化运行路线，成为内陆城市开放的新前沿。以中欧班列为起点，中国外运与长沙市的空、铁、水、公立体国际物流通道合作不断深入，空运、海运、合同物流、仓储配送、国际运输代理等物流功能布局全面启动。

（二）注重全网运营

中国外运持续打造境内外枢纽，覆盖多个区域、汇聚多个通道，努力实现全国一盘棋、境内外一盘棋的布局。

在国内，国际班列自营平台覆盖国内主要区域，形成了围绕长沙、沈阳等枢纽的集疏运体系，为客户提供优质的中欧班列物流服务和全程供应链解决方案；在口岸，阿拉山口、满洲里、二连浩特、绥芬河、磨憨等主要铁路边境口岸均设立自有网点，通过提升口岸操作保障能力，确保班列高质量的服务品质；在海外，中国外运拥有近70家自有机构、100多家海外代理的国际化运营体系，利用遍布全球的网络优势，打造贯通南北、连接东西，互联互通、集成高效的国际多式联运网络，综合化服务能力与网络化运营效应进一步凸显。

（三）注重海外布局

中国外运坚持"走出去、留下来"的海外发展战略，深耕当地市场，推进海外网点做实做强。

在白俄罗斯，招商局集团入股并主导建设中白工业园，投资兴建了招商局中白商贸物流园。依托招商局中白商贸物流园，中国外运在2018年成立了首个海外区域公司欧亚丝路区域总部，作为中国外运在欧亚区域海外业务的对接窗口。

在欧洲，中国外运收购 KLG 集团，提升海外运营能力。KLG 在欧洲拥有完备且运行稳定的公路运输网络，服务范围覆盖欧洲主要国家和地区，在医药、食品等领域大力拓展回程货源，组织适铁适箱货物通过中欧班列运输到中国。

在东南亚，中国外运成立老挝合资公司，驻场万象南、琅勃拉邦，筹备在纳堆、磨丁、万荣设立办事处；推进与泰国本地企业在泰国合作搭建衔接中老铁路的老泰联运平台，加快推进泰国自有车队建设，为建设东南亚跨境转运体系提供支撑。

（四）注重产品建设

中国外运一直致力于创造市场所需的、有价值的产品和服务，不断提升国际班列服务品质和竞争力。

结合自身的业务形态，中国外运国际班列多层次产品服务体系已初步形成。一是公共班列，如沈阳中欧班列、长沙中欧班列，实现双向双线常态化开行；二是定制专列，为大客户提供个性化服务，迄今已为华为、美的、长城汽车、江淮汽车、宝马汽车、中联重科等不同行业的客户开行专列 200 余列；三是多式联运班列，在东西向开通了"日中欧"（日本–连云港/天津–蒙古–欧洲），在南北向开通了"东盟–广东石龙–欧洲""仁川–胶州–河内"海铁联运班列，实现了"一带"与"一路"有效连接；四是特色班列，打造邮政专列、电商专列、冷链专列，推动中欧班列与邮政、冷链、拼箱、跨境电商等新业态的深度融合。

（五）注重社会责任

中国外运是国家物流主力军。新冠疫情发生以来，中国外运全力保障各地区抗疫和企业复工复产工作，第一时间投身到物流补链强链的战斗中。2020 年疫情期间，中国外运运营的长沙平台成为全国 4 个"天班"城市之一。中国外运与各地方政府、铁路、海关等部门高效配合，积极调配运力，搭建出一条专业高效的"铁路运输生命线",为各地抗疫和企业复工复产提供了强有力的保障,有力地支持了地区经济的平稳运行,彰显"国家所需、招商所能、外运必达"的责任和担当。

三、项目经验及启示

在当前复杂多变的国际局势下,中国外运立足于构建国际班列网络化、集约化、多元化、专业化发展的运营模式,从练内功、拓通道两方面打好组合拳,提升核心竞争力。

(一)夯实基础练就内功,牢牢稳住基本盘

在调整优化内部运营方面,为应对俄乌冲突影响,中国外运迅速建立了动态监控机制,根据形势变化及时调整境外结算方案,规避结算风险。由于欧洲货源急剧下降,及时调整运营线路至俄罗斯方向,并开发赤峰-俄罗斯、泉州-俄罗斯等新线路。

在加大核心资源投入方面,针对自有箱源匮乏、服务掌控力弱、箱体租金成本高的痛点,中国外运积极构建自备箱运控体系,在华南、华东、华中、东北、欧亚丝路区域等境内外网点建立起自备箱运控中心,累计投入3500个自备箱,不断探索跨区域多点运行、多向循环的管控模式。

在推进信息系统建设方面,为改变铁路业务信息化管理手段薄弱的现状,中国外运加强对班列业务的高质量管控,推动陆运业务数字化转型,自主研发了陆运信息系统,目前项目一期班列模块、货代模块已正式上线。

(二)参与中老通道建设,推进海外能力布局

中国外运积极响应"维护好运营好中老铁路"的号召,在招商局集团"精耕东南亚"战略引领下,第一时间建立中老泰通道工作专班机制,充分发挥先行先试作用。

在通道建设方面,借助招商局集团与国铁集团战略合作契机,中国外运

与中铁集装箱、老中铁路公司等铁路运营商紧密合作，成为国内首批开行中老班列的运营平台之一，在中老铁路通车伊始组织"湾区号"（深圳－万象）国际货运班列。中国外运率先在海外形成了境外干线代理、回程班列货源组织、跨境转运以及境外段仓储配送等综合服务能力。截至 2022 年 9 月，已累计代理中老班列境外段 447 列，为国内 30 个城市发出的班列提供境外段服务，成为市场上代理量最大，服务最好的境外代理。

在班列产品打造方面，中国外运与中铁特货携手开展冷链班列产品的打造，先后合作开行中－老－泰冷链往返班列、泰国－万象－昆明冷链进口班列，为构建领先的中老泰全程冷链物流产品打下良好基础。

（招商局集团有限公司供稿）

中欧陆海快线创新打造
中欧便捷联运新通道

"中欧陆海快线"是匈塞铁路的延长线和升级版,南起比雷埃夫斯港,北至捷克布拉格,途经北马其顿斯科普里、塞尔维亚贝尔格莱德等9个国家,直接辐射人口7100多万。与传统西北欧海铁联运通道相比,采用中欧陆海快线海铁联运通道可将整体运输周期缩短7到11天。

作为"海上丝绸之路"的欧洲内陆延伸段,中欧陆海快线的开通,有效促进了沿途各国的对外进出口贸易,带动沿途国家各项产业的发展,拉动区域经济,为沿途国家的发展和人民生活水平提升带来了便利。近年来,中欧陆海快线的影响力、知名度及市场份额稳步提高。

在项目发展历程中,中远海运加快申请铁路运输资质,强化沿途物流基础资源掌控,推动数字化运营,丰富服务产品设计,不断加强中欧陆海快线的服务能力,扩大服务区域。未来,随着中欧陆海快线运营模式不断升级,将带来更多多元的运输选择,进一步促进中欧贸易高质量发展。

一、项目概况

(一)项目背景

中国远洋海运集团(简称"中远海运")是全球最大的综合性航运企业,以承载经济全球化为使命,整合优势资源,打造以航运、综合物流及相关金融服务为支柱,多产业集群、全球领先的综合性物流供应链服务集团。中欧陆海快线是中远海运坚定执行国家战略，扛起"大国船队"的使命担当，践行"一带一路"高质量发展倡议的生动实践。

作为积极推进共建"一带一路"新开发的连接欧亚的新通道，中欧陆海快线有别于传统海运路线和货运班列的新型大通道，是"海上丝绸之路"的欧洲内陆延伸段，是中国对欧洲商品流通继传统海运和铁路大陆桥后又一条新的便捷联运航线。

中欧陆海快线实现了海陆联运，即海运集装箱抵达希腊比雷埃夫斯港后，可以马上换上铁路，抵达奥地利、捷克、波兰等中东欧国家。中欧陆海快线的不断发展，不仅有效促进了沿途各国的对外进出口贸易，带动沿途国家各项产业的发展，也为更多中国出口至中东欧腹地的货源提供便捷、低成本的通道。无论从时间效益还是腹地规模上来说，中欧陆海快线都具有独特优势，是一条横贯亚欧的贸易大通道。

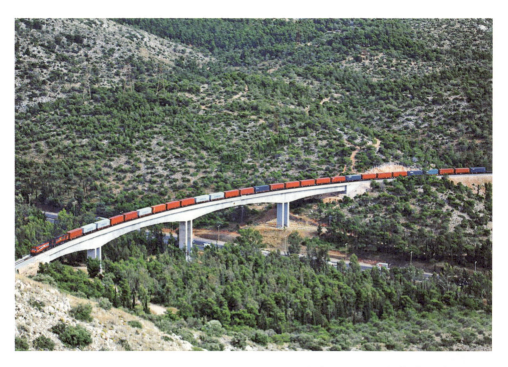

图为中欧陆海快线在希腊境内运行

（二）项目进展

2014 年 4 月 26 日，"索尼匈牙利"专列发车，标志着欧洲铁路南通道的正式启用。2014 年 12 月，时任总理李克强在贝尔格莱德会见塞尔维亚、匈牙利、马其顿三国总理，一致同意共同打造中欧陆海快线。

中欧陆海快线是匈塞铁路的延长线和升级版，南起比雷埃夫斯港，北至捷克布拉格，中途经过北马其顿斯科普里、塞尔维亚贝尔格莱德等 9 个国家，直接辐射人口 7100 多万。与传统的西北欧海铁联运通道相比，采用中欧陆海快线海铁联运通道，可将整体运输周期缩短 7 到 11 天。

2017 年 12 月，中远海运在希腊比雷埃夫斯设立了陆海快线公司，作为中欧陆海快线的投资运营平台，进一步加强对铁路场站、堆场、仓储设施、列车车板等核心物流资源进行投资。同时，通过构建可靠的供应商体系，加强自身铁路运营能力建设，提升成本和服务质量管控水平，全面提高业务运营和组织能力，打造强大的核心竞争力。

经营业绩方面，2022 年，陆海快线总箱量 18.1 万标准箱，同比增长 18.4%；总火车开行 2615 班次，同比增长 15.1%。作为中欧贸易的第三条大通道，中欧陆海快线的影响力、知名度及市场份额稳步提高。随着中欧陆海快线不断发展，有效促进了沿途各国的对外进出口贸易，带动沿途国家各项产业的发展，拉动区域经济，为沿途国家发展和人民生活水平提升带来了便利。

二、中东欧地区营商环境

中东欧国家大多处于工业化快速发展阶段，在欧洲产业升级带动下，成为全球经济发展最具活力地区。其相对完备产业发展基础为中国企业提供良好市场经营环境。中东欧处于连通发达欧盟一体化市场，东联西通地缘优势明显，强化中国与中东欧国家的投资合作有利于发挥区域辐射效应。

中东欧国家整体市场开放水平较高，根据《2020 年营商环境报告》，在全球 190 个经济体营商环境排名中，中东欧 17 个国家中有 4 个国家排名进入全球前 20 强，有 10 个国家进入 20—70 名之间，另有 3 个国家排在 70 名之后。中东欧国家独特的地理位置使其成为中国开展对外经贸合作重要选择，在"一带一路"建设不断深化的背景下，与中东欧的合作潜力得以释放。对外投资是中国和中东欧国家开展外贸合作重要方式，在全球经济低迷的外部环境下，双方合作树立了互利共赢的典范。

近年来，中国和中东欧的经贸合作不断向前。2020 年 9 月，中国与欧盟正式签署《中欧地理标志协定》，2021 年 2 月，中国—中东欧国家领导人峰会举行，总结了过去 9 年中国与中东欧国家合作的经验与成果，也为中国与中东欧国家未来一段时间内深化绿色经济、清洁能源等领域交流合作，拓展在数字经济、电子商务、健康产业等领域的合作勾勒了蓝图。

三、项目突出亮点

在项目发展历程中，中远海运从申请铁路运输资质，加快沿途物流基础资源投资，丰富服务产品设计和加强偷渡偷盗防范等方面入手，加强了中欧陆海快线的服务能力，扩大了服务区域。

一是加快铁路运输资质申请。中远海运通过收购 PEARL 公司股权，具备了在希腊运营铁路业务的资质。后续，中远海运将申请北马其顿和塞尔维亚的铁路运输资质，依托中东欧市场的巨大潜力，深化拓展海铁联运建设，进一步夯实比港作为海铁联运桥头堡的枢纽地位，促进沿途国家互联互通。

二是加强关键环节物流基础资源掌控。前期，中远海运通过收购匈牙利 Bilk 场站部分股权，获得了匈牙利关键运输节点的物流资源。后续，中远海运将继续寻找在塞尔维亚、匈牙利等国家关键节点场站资源的收购机会。运输资源上，探索以购买和租赁等形式增强对车板、车头等关键运输资源的掌控。

三是加强数字化运营。2021 年 4 月，中欧陆海快线业务信息系统 FMS 正式上线，进一步提升了项目的数字化水平和全程物流供应链服务能力，比港至中东欧区域海铁联运的新型数字化物流供应链运输服务通道已经形成。

四是提供多元化服务产品。在巩固现有产品的同时开发多元化的服务产品，即在完善稳定比港主通道能力的基础上，继续大力发展欧洲其他港口通道，加强服务地域供应链的能力，扩大中欧陆海快线的服务范围。截至目前，中欧陆海快线在欧洲地区拓展了 4 条通道产品，包括希腊比港主通道、克罗地亚里约卡辅助通道、意大利的里雅斯特辅助通道和西班牙瓦伦西亚辅助通道。

可以预见的是，未来随着中欧陆海快线运营模式的成熟及不断升级，将带动铁路沿途物流、仓储等基础设施建设，为中欧贸易提供更多元的运输选择。发展中欧陆海快线，既能带动沿途国家各项产业的发展，拉动区域经济，使中国装备、中国技术能利用这个机会深耕中东欧乃至整个欧洲市场；也进一步丰富了"海上丝绸之路"，为更多中国出口至中东欧腹地的货源提供便捷低成本的运输通道。

四、项目经验及启示

模式创新是企业参与"一带一路"高质量发展的必由之路。企业在推进"一带一路"建设，开展国际化经营过程中，既要把握机遇，扩大对外投资合作的规模，又要注重创新方式方法，提高质量和效益。这需要企业坚持自身发展与互利共赢相结合，既要坚持以我为主、为我所用，又要坚持互惠互利，以创新的模式寻求合作各方利益的结合点，努力做到与当地实际结合，从而找到创新增效的契合点。

正是本着这样的思路，中远海运找到了中欧陆海快线这个创新切入口。中欧陆海快线实现了海陆联运，即海运集装箱抵达希腊比雷埃夫斯港后，可以马上换上铁路，抵达奥地利、捷克、波兰等中东欧国家。与传统的经由西北欧全海运通道相比，中欧陆海快线的交货期将缩短 7 到 11 天；与全铁路货运班列相比，中欧陆海快线在时间上仅增加 4 天，但成本方面的优势却是铁路无可比拟的。这种兼顾货主在时效性和经济性的诉求而打造的创新物流解决方案，成功拉近了中国与东、南欧的距离，打开了由远东至欧洲的第三条创新型通道。

（中国远洋海运集团有限公司供稿）

从开采、加工到园区
亚钾国际深度开拓老挝钾肥资源

    十几年来，从走进老挝开采钾盐矿，到百万吨级的钾肥生产基地，再到投资建设钾肥产业园区，亚钾国际投资 (广州) 股份有限公司（简称"亚钾国际"）已拥有老挝甘蒙省 263.3 平方公里、折纯氯化钾资源量超 10 亿吨的钾盐矿权，成为亚洲最大钾肥资源量企业、产能快速提升的国际化钾肥供应企业。

    通过行业领先的钾盐开采提炼技术，亚钾国际老挝钾肥项目建立了完整的钾肥生产系统，建成了我国境外首个百万吨级的钾肥生产基地。为进一步开拓老挝钾肥资源，2022 年起启动亚钾国际智慧产业园项目，将打造由钾肥工业园、非钾工业园和亚钾小镇三大板块组成的智慧型循环工业园，助力老挝成为亚洲最大钾肥生产基地。

一、项目概况

    亚钾国际老挝钾肥项目位于老挝中部的甘蒙省他曲县，距老挝首都万象 380 公里，距越南边境 180 公里，东侧紧邻纵贯老挝南北、连接柬埔寨和越南的重要交通干线 13 号公路，沿 13 号公路向北可通往万象，并连接中老铁路。矿区地处东南亚中部地区和泛亚铁路经济圈中心，具有较强的区位优势。

    亚钾国际已拥有老挝甘蒙省 35 平方公里东泰矿区及 179.8 平方公里彭下 – 农波矿区两个优质钾盐矿总计 214.8 平方公里的钾盐矿开采权，折纯氯化钾资源储量 8.29 亿吨，是亚洲最大钾盐资源量企业。2022 年，亚钾国际在多轮竞争中获得甘蒙省 48.52 平方公里钾盐矿勘探权，氯化钾储量突破 10 亿吨，约占亚洲总储量的三分之一。

在获得矿资源的同时，亚钾国际 2009 年开始在老挝建设第一个年产 10 万吨钾肥验证项目，2011 年底建成，于 2012 年实现工业化生产。2020 年 4 月，启动第一个年产 100 万吨钾肥改扩建项目，2021 年 9 月投入试生产，2022 年 3 月底实现达产达标。仅用了 10 个月的建设期，第二个百万吨项目于 2023 年 1 月投料试车成功，3 月达产，刷新了百万吨项目建设投产速度。后续，还将继续推进 3 个百万吨项目。

经过多年深耕，亚钾国际已在老挝钾盐矿区建立了完整的钾肥生产系统，实现了固体钾盐矿大功率设备机械化开采的成熟模式，解决了高温多雨环境作业的技术和环保难题，取得多项技术专利。在项目建设中，自主研发设计多项创新技术，进一步增强了产品竞争力。亚钾国际还与华为签署了共同建设智慧矿山的合作协议，未来将充分利用现代通信、工业物联以及人工

图为亚钾国际在老挝的钾肥生产工厂（浮选车间）

智能等先进技术，在数字化矿山、无人化矿山等方面持续创新，以技术领先保持竞争优势，实现降本增效。

为全面挖掘钾盐矿产中丰富的溴、镁、钠等伴生资源价值，深度转化老挝资源优势，亚钾国际提出了建设工业园的设想。2022 年，亚钾国际在老挝政府支持下启动"亚钾国际智慧产业园"项目，将打造一个由钾肥工业园、非钾工业园和亚钾小镇三大板块组成的智慧型循环工业园，其中钾肥工业园将力争在 2025 年实现 500 万吨产能的钾肥项目投产，助力老挝成为"亚洲最大钾肥生产基地"。园区建成后，预计未来可为老挝每年增加约 5 亿美元财政收入，带动当地就业 4 万—6 万人，在实现亚钾国际的可持续发展同时，助力老挝的工业化与城镇化建设进程。

二、项目所在国营商环境

老挝政府近年来施行新的《促进和管理外国投资法》，放宽矿产开发投资政策，有利于外资投资。外资进行项目开发需在老挝境内注册成立投资主体公司，商业运营期主要涉及的规费有开采区土地特许权费，《矿产开发特许经营权协议》中约定的向老挝政府有关部门缴纳的与监管、培训、环保、地方发展等相关费用。投资主体公司进入商业运营后，涉及的主要税种有利润税、自然资源税、增值税、关税及个人所得税等。投资主体公司可在《老挝投资促进法》规定的条件内，享受相关法定税务优惠。

近年来中资企业深度参与老挝钾盐资源开发，其中以民营企业为主。中老两国 2011 年签署《中老经济和技术合作规划》，让中国企业在老挝境内投资矿产开发的行为有了政策支持，得以顺利开展。区域全面经济伙伴关系协定（RCEP）的生效，将进一步消除成员国之间的关税和非关税壁垒，有效促进区域间货物、服务贸易及投资自由化。中老铁路已正式开通一年多，老挝的国际物流运输效率和能力正在提升。

三、项目突出亮点

（一）立足老挝资源，建设世界级钾肥生产供应商

亚钾国际已在老挝拥有的钾矿资源，为企业产能持续扩大奠定基础的同时，也是我国钾肥供应的保障基础之一。聚焦于钾肥主业，亚钾国际的目标是成为世界级钾肥生产供应商。

海关数据显示，2022 年中国自老挝进口氯化钾 60.70 万吨，2023 年上半年进口 71.3 万吨。其中，亚钾国际 2022 年将在老挝产出的近 50 万吨钾肥销售到国内，今年上半年销到国内 40 余万吨。

按照亚钾国际的计划，2024 年将在老挝的 50% 钾肥产量（约 200 万吨）销到国内，一方面，通过海运从越南运至国内防城港、鲅鱼圈、连云港、张家港、镇江港等港口，满足国内粮食产区的用肥需求；另一方面，通过中老铁路将钾肥直接运输回国，成为西南地区农业用肥的稳定供应渠道。

（二）快速建成百万吨项目，降本增效成效明显

与国际钾肥公司 6—8 年的行业速度相比，亚钾国际在老挝建成的首个百万吨扩建项目仅时 17 个月，被称为"亚钾速度"，第二个百万吨项目是在第一个百万万吨项目的基础上扩建，仅用时 10 个月即实现投料试车。"亚钾速度"的背后，得益于科学研判后战略定位清晰，拥有各类专业人才组成、能够坚决高效落实公司战略的职业经理层，以及保质保量高效执行的执行团队；得益于充分利用我国的供应链优势，以及我国企业在装备、材料、技术工人等方面的优势。

经过十余年技术摸索和提质改造，亚钾国际老挝钾肥项目实现了降本增效，毛利率稳中有升，生产成本低于全球钾肥业平均水平。未来，项目的产能将快速扩至年产 500 万吨，规模效应进一步助力企业降低生产成本，增强产品竞争力，扩大市场份额，提高盈利能力。

（三）临近需求地，项目区位优势明显

农业是东南亚及南亚地区的主要经济支柱，是全球第四大钾肥消费市场，该区域钾肥年需求量超过 1500 万吨，需求量年增长率估计为 4%—5%。企业销售区位优势明显，具有临近需求地、运输成本低的优势，能够为东南亚、东亚等区域提供优质的钾肥产品和便捷灵活的供应服务。项目临近老挝 13 号、12 号及 9 号公路。13 号公路为老挝主干道，由北到南贯通老挝全境。13 号公路向北可通往万象，销售至老挝本地、缅甸客户；经中老铁路可运销到国内，向西连接老泰友谊大桥，产品可直销泰国；向东对接越南万安港、格罗港及海防港多个港口，销售至越南本地及通过海运销往国内及东南亚等地。

三、项目经验及启示

（一）自力更生解决融资难题，保证项目可持续发展

面对资金融资难的情况，亚钾国际老挝钾肥项目选择的是通过自有资金滚动开发。项目原有股东积极寻求资本市场融资渠道，最终与亚钾国际完成资产重组，实现老挝钾盐资产上市。2020 年亚钾国际新任董事会上任后聚焦钾肥主业发展，并制定快速提升产能的战略规划。同年 4 月，亚钾国际利用自有资金，迅速启动建设老挝第一个百万吨钾肥改扩建项目，并在疫情环境下艰难推进项目建设。在实现产量提升后，通过销售钾肥产品盘活自有资金，继续坚韧推动规模扩张。与此同时，亚钾国际充分发挥上市公司的资源整合能力和融资运作能力，收购老挝 179.8 平方公里钾盐矿资产并同步募集配套资金，为后续项目建设奠定了资源、资金基础。

（二）攻克技术难关，开创固体光卤石钾盐矿开采加工先河

亚钾国际老挝钾盐矿属地下固态钾盐矿床，以光卤石为主，伴共生钾石盐，且矿床处在高温多雨的热带季风地区，此前未有成功开发先例，技术难

点主要在于开采技术和尾矿处理。公司进入老挝钾盐矿开发领域，组织国内地质勘探、井工开采、选矿加工等方面的顶级专家与设计团队联合攻关，科学选择老挝钾盐的开采技术与选矿工艺，并通过先行建设十万吨验证项目，谨慎控制投资、验证工艺路线，最终攻克了在高温多雨环境条件下开发钾盐的技术和环保难题。在多家国内领先的专业钾盐技术团队共同参建下，公司先后建成两个百万吨级项目，采用自主研发设计的分解结晶系统、固液分离装置等多项创新技术，提高了产品纯度、增大了产品晶体粒径，增强了产品竞争力。

（三）发挥中国企业优势，创造项目建设"亚钾速度"

亚钾国际老挝钾肥项目能够快速完成产能扩建、创造行业奇迹，一是得益于中国供应链优势，利用国内完备的工业产业体系，公司通过设立国内专业采购团队，迅速完成项目所需的成套设备与物资材料采购，同时聘请国内专业的工程管理团队、成熟的工程建设队伍，做好现场协调统筹工作，最多时有几十个参建队伍齐头并进开展工程建设，高效推进项目建设。二是打通进出口物流渠道，亚钾国际在云南设立子公司，为物资进出口、人员出入境做好保障，还在距离项目较近的越南格罗港设立专用码头，确保海上运输通道畅通。三是依托人员团队的高效执行。企业注重人才队伍建设，持续引进国内先进的管理经验和管理人才，同时坚持"尊重一线、融合一线、服务一线"的人才发展理念，通过"员工家园计划"切实增强一线员工的归属感与幸福感，并通过实施股权激励增强团队的凝聚力和战斗力。

（四）以社会行动树立良好形象，获政府和民众认可

老挝矿产资源丰富，发展潜力大。通过十几年的持续努力，亚钾国际已成为老挝钾盐矿开发的龙头企业，积极履行企业社会责任，致力于做老挝经济发展的助力者。在通过项目建设生产为此地创造税收、带动就业的同时，还开展了产业扶贫项目、设立教育基金、援建基础设施、发展现代农业等多

项社会行动，支持助力老挝各项事业发展，得到了政府与民众的认可，被所在地区他曲县政府树立为"产业扶贫典范企业"，树立了良好的中资企业形象。

老挝政府总理宋赛·西潘敦曾表示，亚钾国际是推动老挝经济发展的重要矿产资源企业、两国合作共赢的典范企业，为老挝经济社会发展提供了强劲动力，给老挝当地人民带来了很多实惠。老挝国家副主席本通·吉玛尼曾强调，亚钾国际的项目创造了老挝钾盐领域的许多第一，堪称中老合作的标志性项目，对老挝意义重大。

〔亚钾国际投资（广州）股份有限公司供稿〕